SELECTED POEMS OF

Faiz Ahmad 'Faiz'

With original Urdu text, Roman and Hindi transliteration and poetical translation into English

IN THE SAME MULTILINGUAL SERIES

- ★ **DIWAN-E-GHALIB** Selections
- ★ Punjabi Poems of **AMRITA PRITAM**
- ★ Poems of **JOSH MALIHABADI**
- ★ Poetry of **SHAKEEL BADAUNI**
- ★ Poems of **SAHIR LUDHIANVI**
- ★ Poetry of **IQBAL**
- ★ Poetry of **BAHADUR SHAH ZAFAR**
- ★ Poetry of **FAIZ AHMED FAIZ**
- ★ Poetry of **QATEEL SHAFAI**
- ★ Selected Urdu Poetry of **WOMEN POETS**
- ★ Selections from **DIWAN-E-GHALIB**
- ★ Selected Poetry of **AHMAD FARAZ**

Published by

Star Publications Pvt. Ltd.
4/5 Asaf Ali Road, New Delhi-110 002

SELECTED POEMS OF

Faiz Ahmad 'Faiz'

With original Urdu text, Roman and Hindi transliteration
and poetical translation into English

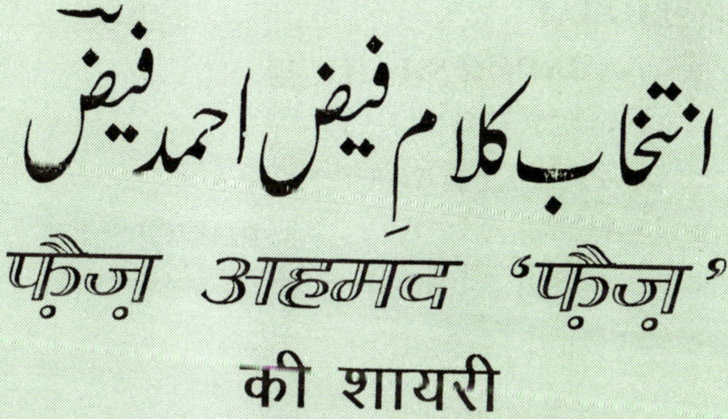

English translation by :

Khwaja Tariq Mahmood

Compiled by :

Amar Varma

Selected Poems of
FAIZ AHMED FAIZ
(Multilingual edition)
English translation by Khwaja Tariq Mehmood
Star, New Delhi

ISBN : 978-81-76500-44-9

Revised Edition : 2023

Price : ₹ 395/-
£ 14.95 (in U.K.)

Published by:
STAR PUBLICATIONS PVT. LTD.
4/5-B, Asaf Ali Road
New Delhi-110 002
India

Printed at : Star Print O Bind, New Delhi (India)

Faiz Ahmad 'Faiz'

Birth : February 13, 1911

Died : November 20, 1984

FAIZ AHMAD 'FAIZ'

One of the most prominent Urdu poet **FAIZ AHMAD 'FAIZ'** was born in 1911 in Sialkot (now in Pakistan), and eversince his student life, he had been writing poems and articles on Urdu and Urdu literature. He had been very active in political, social, and cultural activities. He was described by Firaq Gorakhpuri, another pillar of Urdu poetry, as 'an institution in Urdu poetry.

He compiled several collections of his poetry, most popular being 'Naqsh-e-Fariyadi', 'Dast-e-Saba' and 'Zindan Nama'.

This collection includes a selection of Faiz's poetry from all of his collections, and can well be defined as a representative collection of his poetical works.

Since Urdu Poetry has gained great popularity even among non-Urdu speaking people, the Publishers feel proud to present this book in multilingual edition. It includes Urdu text, poetical translation into English and Romanised and Hindi (Devanagri) transliteration of each of the poems. English poetic translation has been done by Khwaja Tariq Mahmood, who had earlier done similar translation of selected poetry of Mirza Ghalib, Allama Iqbal, Sahir Ludhianvi and Shakeel Budauni.

It is hoped that the readers will find this unique attempt of the publishers acceptable and appreciable.

—Publishers

INDEX فہرست

غزل

گلوں میں رنگ بھرے بادِ نو بہار چلے
چلے بھی آؤ کہ گلشن کا کاروبار چلے

قفس اداس ہے یارو صبا سے کچھ تو کہو
کہیں تو بہرِ خدا آج ذکرِ یار چلے

جو ہم پہ گزری سو گزری مگر شب ہجراں
ہمارے اشک تری عاقبت سنوار چلے

مقامِ فیض، کوئی راہ میں جچا ہی نہیں
جو کوئے یار سے نکلے تو سوئے دار چلے

* * *

GHAZAL

Let spring breeze be well at ease to promote efflorescence
O come! for garden sake, in wait for your gorgeous munificence

The cage is in a sad state, O friends, to breeze you communicate
That today in God's name, let there be friend's reminiscence

Whatever we sustain we do not complain, though O lonesome night
Our tearful eyes, not in vain, will redeem your evancescence

From the beloved's alley, to scaffold we made our sally
On the way, no way, O Faiz, no stop was worth our dalliance

* * *

Ghazal

gulom̐ mem̐ raṅga bhare bāda-e-nau bahāra cale
ca le bhī āo ke gulaśana kā kārobāra cale

qafasa udāsa hai yāro sabā se kucha to kaho
kahīm̐ to bahara-e-khudā āja zikara-e-yāra cale

jo hama pe guzarī so guzarī magara śaba-e-hijarām̐
hamāre aśka terī āqabata sam̐vāra cale

maqāma-e-faiza, koī rāha mem̐ jacā hī nahīm̐
jo kue-pāra se nikale to sue-dāra cale

ग़ज़ल

गुलों में रंग भरे बाद-ए-नौ[1] बहार चले
चले भी आओ के गुलशन का कारोबार चले

क़फ़स[2] उदास है यारो सबा से कुछ तो कहो
कहीं तो बहर-ए-खुदा[3] आज ज़िक्र-ए-यार चले

जो हम पे गुज़री सो गुज़री मगर शब-ए-हिजरां[4]
हमारे अश्क तेरी आक़बत[5] संवार चले

मकाम-ए-फैज, कोई राह में जंचा ही नहीं
जो कुए-यार[6] से निकले तो सुए-दार[7] चले

* * *

1. नव वसंत की हवा 2. पिंजरा 3. भगवान के लिए 4. जुदाई की रात 5. परलोक 6. यार की गली से 7. फांसी के तख्ते की ओर

پہلی سی محبت

مجھ سے پہلی سی محبت مری محبوب نہ مانگ!

میں نے سمجھا کہ تو ہے تو درخشاں ہے حیات
تیرا غم ہے تو غمِ دہر کا جھگڑا کیا ہے

تیری صورت سے ہے عالم میں بہاروں کو ثبات
تیری آنکھوں کے سوا دنیا میں رکھا کیا ہے

تو جو مل جائے تو تقدیر نگوں ہو جائے
یوں نہ تھا میں نے فقط چاہا تھا یوں ہو جائے

اور بھی دکھ ہیں زمانے میں محبت کے سِوا
راحتیں اور بھی ہیں وصل کی راحت کے سِوا

ان گنت صدیوں کے تاریک بہیمانہ طلسم
ریشم و اطلس و کمخواب میں بُنوائے ہوئے

جا بجا کوچہ و بازار میں بکتے ہوئے جسم
خاک میں لتھڑے ہوئے خون میں نہلائے ہوئے

FIRST LOVE

Ask me not, O my beloved, the likes of first love

I meditated and predicated my existence with you
Tied with your lot, I thought, trials of subsistence to be few

Your countenence gives permanence to the world of efflorescence
In the world, not ot accept, except your lotus eyes and hue

If you were around, the fate itself I could surround
It wasn't so, I willed it so, my wish was to confound

There are woes in the world, other than the world of wooing
There are joys in the world, other than love's pursueing

Countless eons span and spawn myriad malevolent superstitions
Clothed in brocade raiment, fibre and silken apparel

In labyrinthine bazaar and alleys, bodies traded and paraded
Soiled in dirt, bathed in blood, to dispel and repel

Pahlī Sī Muhabbat!

mujha se pahalī sī muhabbata merī mehabūba na māṅga!

maiṃ ne samajhā thā ki tū hai darakhiśāṃ hai hayāta
terā ghama hai to ghame dahara kā jhāgaḍā kyoṃ hai

terī sūrata se hai ālama meṃ bahāroṃ ko sabāta
terī āṃkhoṃ ke sivā aduniyā meṃ rakhā kyā hai

tū jo mila jāe to taqadīra nagū ho jāe
yūṃ na thā maiṃ ne faqata cāhā thā yūṃ ho jāe

aura bhī dukha haiṃ zamāne meṃ muhabbata ke sivā
rāhateṃ aura bhī haiṃ vasla kī rāhata ke sivā

ana-ginata sadiyoṃ ke tārīka bahīmānā tilisma
reśama-o-atalasa-va-kamakhvāba meṃ banāe hue

jā bajā kūcā-o-bāzāra meṃ bikate hue jisma
khāka meṃ lithaḍe hue khūna meṃ nahalāe hue

पहली सी मुहब्बत!

मुझ से पहली सी मुहब्बत मेरी महबूब न मांग!

मैं ने समझा था कि तू है दुरख़्शां[1] है हयात
तेरा ग़म है तो ग़मे-दह्र[2] का झगड़ा क्यों है

तेरी सूरत से है आलम में बहारों को सबात[3]
तेरी आंखों के सिवा दुनिया में रखा क्या है

तू जो मिल जाए तो तक़दीर नगूं[4] हो जाए
यूं न था मैं ने फ़क़त चाहा था यूं हो जाए

और भी दुख हैं ज़माने में मुहब्बत के सिवा
राहतें और भी हैं वस्ल की राहत[5] के सिवा

अन गिनत सदियों के तारीक बहीमाना तिलिस्म[6]
रेशम-ओ-अतलस-व-कमख़्वाब में बनवाए हुए

जा बजा कूचा-ओ-बाज़ार में बिकते हुए जिस्म
ख़ाक में लिथड़े हुए ख़ून में नहलाए हुए

---

1. प्रकाशमान 2. सांसारिक चिंताऐं 3. स्थायित्व 4. सिर झुकाना
5. मिलन का आनंद 6. अंधकारपूर्ण पाशिवक जादू

لوٹ جاتی ہے ادھر کو بھی نظر کیا کیجئے
اب بھی دلکش ہے ترا حسن، مگر کیا کیجئے

اور بھی دکھ ہیں زمانے میں محبت کے سوا
راحتیں اور بھی ہیں وصل کی راحت کے سوا

مجھ سے پہلی سی محبت مرے محبوب نہ مانگ

* * *

The eyes get diverted to them, one cannot help eyeing
Though still your beauty is eyeful, in vain it is vieng

There are woes in the world, other than the world of wooing
There are joys in the world, other than love's pursueing

Ask me not, O my beloved, the likes of first love

* * *

lauṭa jātī hai idhara ko bhī nazara kyā kīajie
aba bhī dilakaśa hai terā husna magara kyā kījie

aura ohī dukha haiṃ zamāne meṃ muhabbata ke sivā
rāhateṃ aura bhī haiṃ vasla kī rāhata ke sivā

mujha se pahalī sī muhabbata merī mehabūba na māṅga!

✹ ✹ ✹

लौट जाती है इधर को भी नज़र क्या कीजिए
अब भी दिलकश है तेरा हुस्न मगर क्या कीजिए

और भी दुख हैं ज़माने में मुहब्बत के सिवा
राहतें और भी हैं वस्ल की राहत के सिवा

मुझ से पहली सी मुहब्बत मेरी महबूब न मांग!

* * *

آج بازار میں....

چشمِ نم، جانِ شوریدہ کافی نہیں
تہمتِ عشق پوشیدہ کافی نہیں
آج بازار میں پابجولاں چلو
دست افشاں چلو، مست و رقصاں چلو
خاک بر سر چلو، خوں بداماں چلو
راہ تکتا ہے سب شہر جاناں چلو
حاکم شہر بھی مجمع عام بھی
تیرا اِلزام بھی سنگِ دشنام بھی
صبح ناشاد بھی ، روزِ ناکام بھی
ان کا دمساز اپنے سوا کون ہے
شہرِ جاناں میں اب با صفا کون ہے
دستِ قاتل کے شایاں رہا کون ہے
رختِ دل باندھ لو، دل فگارو چلو
پھر ہمیں قتل ہو آئیں، یارو چلو

* * *

IN THE MARKET PLACE....

Tearful eyes, tempestuous spririt are not enough
Allegation, of love, to keep covert, are not enough
In the marketplace today, go forth in tetters
With hands holding high, go with blazing letters
With head covered in dust, go forth in tatters
The passage is emblazoned, go you, O go-getters
The keeper of citadel, the mob in street
Inquisitor's darts, accusors indiscreet
Morning's muse, day's defeat
Who, except ourselves, is their soulmate
Who in beloved's habitat is to venerate
Who for predator's hand is left to decimate
Gird up your spirit, go forth, O men of mettle
Go forth, O comrades, to fall in the thick of battle

* * *

Āj Bāzār Meṃ....

caśma-e-nau, jāna-e-śaurīdā kāfī nahīṃ
tohamata-e-iśqa pauśīdā kāfī nahīṃ
āja bāzāra meṃ pābajulāṃ calo
dasta-e-afaśāṃ calo, masta-o-raqasāṃ calo
k͟hāka bara-sara calo, k͟hū badāmāṃ calo
rāha takatā hai saba śahara-e-jānāṃ calo
hakīma-e-śahara bhī majamā-e-āma bhī
terā ilzāma bhī saṅga-e-daśnāma bhī
subaha-e-nāśāda bhī, roza-e-nākāma bhī
ina kā damasāza apane sivā kauna hai
śahara-e-jānāṃ meṃ aba bā-safā kauna hai
dasta-e-qātila ke śāyāṃ rahā kauna hai
rak͟hta-e-dila bāndhalo, dila-phugāro calo
phira hamīṃ qatla ho āaiṃ, yāro calo

आज बाज़ार में ....

चश्म–ए–नौ[1], जान–ए–शोरीदा[2] काफ़ी नहीं
तोहमत–ए–इश्क़[3] पोशीदा काफ़ी नहीं
आज बाज़ार में पाबजुलां[4] चलो
दस्त–ए–अफ़शां[5] चलो, मस्त–ओ–रक़सां[6] चलो
ख़ाक बर–सर चलो, ख़ू–बदामां[7] चलो
राह तकता है सब शहर–ए–जानां चलो
हाकिम–ए–शहर भी मजमा–ए–आम भी
तेरा इल्ज़ाम भी संग–ए–दुश्नाम[8] भी
सुबह–ए–नाशाद[9] भी, रोज़–ए–नाकाम[10] भी
इन का दमसाज़ अपने सिवा कौन है
शहर–ए–जानां में अब बा–सफ़ा कौन है
दस्त–ए–क़ातिल[11] के शायां रहा कौन है
रख़्त–ए–दिल[12] बांधलो, दिल–फ़ुगारो चलो
फिर हमीं क़त्ल हो आऐं, यारो चलो

* * *

---

1. नई आंख 2. परेशान जान 3. इश्क़ का आरोप 4. नंगे पांव 5. हाथ झाड़ते हुए 6. नाचते व मस्त 7. बुरी ओरतें 8. गाली का पत्थर 9. अप्रसन्न सुबह 10 नाकाम दिन 11. कातिल का हाथ 12. दिल का सामान

تیری امید....

تری امید، ترا انتظار جب سے ہے
نہ شب کو دن سے شکایت نہ دن کو شب سے ہے

کسی کا درد ہو کرتے ہیں تیرے نام رقم
گلہ ہے جو بھی کسی سے ترے سبب سے ہے

ہوا ہے جب سے دلِ ناصبور بے قابو
کلام تجھ سے نظر کو بڑے ادب سے ہے

اگر شرر ہے تو بھڑکے، جو پھول ہے تو کھلے
طرح طرح کی طلب تیرے رنگِ لب سے ہے

کہاں گئے شبِ فرقت کے جاگنے والے
ستارۂ سحری ہم کلام کب سے ہے

* * *

FOR YOU I WAIT....

Ever since for you I long and for you I wait
Days and nights together belong as they alternate

Any complaint against anyone, we attribute to you
For infliction of any pain, against you we insinuate

Ever since implaceable heart has become wayward
Respect and reticence for the beloved, eyes inculcate

If spark, it may sparkle, if bud, it may blossom
Demands on your colourful lips are intrigueingly delicate

Where to have hapless, sleepless folk gone
The morning star, since long, is left to speculate

* * *

Terī Ummīd....

terī ummīda, terā intezāra jaba se hai
na śaba ko dina se śikāyata na dina ko śaba se hai

kisī kā darda ho karate haiṃ tere nāma raqama
gilā hai jo bhī kisī se tere sababa se hai

huā hai jaba se dila-e-nāsabūra be qābū
kalāma tujha se nazara ko baḍe adaba se hai

agara śarara hai to bhaḍake, jo phūla hai to khile
taraha taraha kī talaba tere raṅga-e-laba se hai

kahāṃ gae śaba-e-phurqata ke jāgane vāle
maśārā-e-saharī hama kalāma kaba se hai

* * *

तेरी उम्मीद....

तेरी उम्मीद, तेरा इन्तज़ार जब से है
न शब[1] को दिन से शिकायत न दिन को शब से है

किसी का दर्द हो करते हैं तेरे नाम रकम[2]
गिला है जो भी किसी से तेरे सबब से है

हुआ है जब से दिल–ए–नासबूर बे काबू
कलाम तुझ से नज़र को बड़े अदब से है

अगर शरर[3] है तो भड़के, जो फूल है तो खिले
तरह तरह की तलब तेरे रंग–ए–लब[4] से है

कहां गए शब–ए–फुर्कत[5] के जागने वाले
मशारा–ए–सहरी[6] हम कलाम कब से है

* * *

1. रात 2. लिखते हैं 3. पतंगा 4. होंठ के रंग 5. जुदाई की रात
6. सुबह का रास्ता

بول کہ لب....

بول کہ لب آزاد ہیں تیرے
بول زباں اب تک تیری ہے
تیرا ستواں جسم ہے تیرا
بول کہ جاں اب تک تیری ہے

دیکھ کہ آہن گر کی دُکاں میں
تند ہیں شعلے سرخ ہے آہن
کھلنے لگے قفلوں کے دہانے
پھیلا ہر اک زنجیر کا دامن

بول، یہ تھوڑا وقت بہت ہے
جسم و زباں کی موت سے پہلے
بول، کہ سچ زندہ ہے اب تک
بول جو کچھ کہنا ہے کہہ لے

* * *

SPEAK OUT....

Speak out, for your lips are free
Speak out, your tongue is not in check in cheek
Your strongsinews are your asset
Speak out, your soul is yearning to speak

Look you, as in iron monger's shop
Flames are leaping, iron is hot
Iron gates are now unlocking
All but creaking, each fetter's knot

Speak out, as time is short and precious
Before the tongue and body are dead
Speak out, as truth as yet is alive
Speak out, whatever needs to be said

* * *

Bol Ke Lab....

bola ke laba āzāda haiṃ tere
bola zabāṃ aba taka terī hai
terā satavāṃ jisma hai terā
bola ke jāṃ aba taka terī hai

dekha ke āhane gara kī dukāṃ meṃ
tanda haiṃ śaule surkha hai āhana
khulane lage qafaloṃ ke dahāne
phailā hara ika zanjīra kā dāmana

bola, yaha thoḓā vaqta hai terā
jisma-o-zabāṃ kī mauta se pahale
bola, ke saca zindā hai aba taka
bola jo kucha kahanā hai kaha le

* * *

बोल के लब....

बोल के लब आज़ाद हैं तेरे
बोल ज़बां अब तक तेरी है
तेरा सुतवां जिस्म है तेरा
बोल के जां अब तक तेरी है

देख के आहने-गर[1] की दुकां में
तुन्द हैं शौले सुर्ख़ है आहन[2]
खुलने लगे कुफ़्लों[3] के दहाने
फैला हर इक ज़न्जीर का दामन

बोल, यह थोड़ा वक़्त है तेरा
जिस्म-ओ-ज़बां की मौत से पहले
बोल, के सच ज़िन्दा है अब तक
बोल जो कुछ कहना है कह ले

* * *

---

1. लोहार 2. लोहा 3. तालों

سجدہ....

حیراں ہے جبیں آج کدھر سجدہ روا ہے
سر پر ہیں خداوند، سرِ عرش خدا ہے

کب تک اسے سینچو گے تمنائے ثمر میں
یہ صبر کا پودا تو نہ پھولا نہ پھلا ہے

ملتا ہے خراج اُس کو تری نانِ جویں سے
ہر بادشاہِ وقت ترے در کا گدا ہے

ہر ایک عقوبت سے ہے تلخی میں سواتر
وہ رنج جو ناکردہ گناہوں کی سزا ہے

احسان لئے کتنے مسیحا نفسوں کے
کیا کیجئے دل کا، نہ جلا ہے نہ بجھا ہے

* * *

SUPPLICATION....

The forehead today is puzzled as to where to supplicate
God reigns on high, demigods rein in nigh, to dominate

How long will you nurture with wishfulness this sapling
Patience cannot help it prosper or prolife rate

Your nonchalance is exacting its own due reward
At your doorstep is bowing every potentate

That pain is in excess of each and every chastisement
That gets inflicted for sins as yet to originate

We have incurred the gratitude of many a healer's cure
But heart is just to endure, irate and sedate

✸ ✸ ✸

Sijdā....

hairāṃ hai jabīṃ āja kidhara sijadā ravāṃ hai
sara para haiṃ khudā-vanda, sare arśa khudā hai

kaba taka ise sīñceṅge tamannāe-samara meṃ
yaha sabara kā paudā to na phūlā hai na phalā hai

milatā hai khirāja usa ko terī nāna-e-javīṃ se
hara bādaśāha-e-vaqta tere dara kā gadā hai

hara eka aqubata se hai talakhī meṃ savātara
voha rañja jo nā-kardā gunāhoṃ kī sazā hai

ehasāna liye kitane masīhā nafasoṃ ke
kyā kījiye dila kā, na jalā hai na bujhā hai

✹ ✹ ✹

सिजदा....

हैरां है जबीं आज किधर सिजदा[1] रवा है
सर पर हैं ख़ुदा–वन्द, सरे अर्श ख़ुदा है

कब तक इसे सींचोगे तमन्नाए–समर[2] में
यह सब्र का पौदा तो न फूला है न फला है

मिलता है ख़िराज[3] उस को तेरी नान–ए–जबीं[4] से
हर बादशाह–ए–वक़्त तेरे दर का गदा[5] है

हर एक अक़ूबत[6] से है तलख़ी[7] में सवातर[7]
वोह रंज जो ना–कर्दा गुनाहों की सज़ा है

एहसान लिये कितने मसीहा नफ़सों[8] के
क्या कीजीये दिल का, न जला है न बुझा है

* * *

1. सिर झुकाना 2. इच्छाफल 3. पुण्य, ईनाम 4. माथे से
5. भिखारी 6. दुख, यात्ना 7. कटुता 8. जान, आत्मा

تنہائی

پھر کوئی آیا دلِ زار! نہیں کوئی نہیں
راہرو ہوگا، کہیں اور چلا جائے گا
ڈھل چکی رات، بکھرنے لگا تاروں کا غبار
لڑکھڑانے لگے ایوانوں میں خوابیدہ چراغ
سوگئی راستہ تک تک کے ہر اک راہگزار
اجنبی خاک نے دھندلا دیئے قدموں کے سراغ
گل کرو شمیں، بڑھادو مہ و میناو ایاغ
اپنے بے خواب کِواڑوں کو مقفّل کرلو
اب یہاں کوئی نہیں، کوئی نہیں آئے گا

• • •

LONELINESS

Did someone again come, O chequered heart ; Oh, no one is there
Must be someone going his way ; will go away some where
Night is on the vane, putting the stars to flight
Dawn is catching the fading lamps in a noose of light
Each passage way is weary, bleary and dreary
Unfriendly dust has settled on footprints overnight
Blow out candles, cast the glass and flask in the bowl of night
You may pull down shutters on the dormant doorway
No one will come this way ; no one, to utter dismay

* * *

Tanhāī....

phira koī āyā dile rāza! nahīṃ koī nahīṃ
rāharū hogā kahīṃ aura calā jāegā
ḍhala cukī rāta bikharane lagā tāroṃ kā g̲h̲ubāra
laḓakhaḓāne lage aivānoṃ meṃ k̲h̲vābīdā cirāg̲h̲a
so gaī rāstā taka-taka ke hara ika rāhaguzāra
ajanabī k̲h̲āka ne dhundhalā diye qadamoṃ ke surāg̲h̲a
gula karo śamīsa, baḓhā do mai-o-mīnā-o-ayāg̲h̲a
apane be-k̲h̲vāba kivāḓoṃ ko muqaffala karalo
aba yahāṃ koī nahīṃ, koī nahīṃ āegā

✸ ✸ ✸

तन्हाई

फिर कोई आया दिले राज़! नहीं कोई नही
राहरू[1] होगा कहीं और चला जाएगा
ढल चुकी रात बिखरने लगा तारों का गुबार
लड़खड़ाने लगे ऐवानों में ख़्वाबीदा[2] चिराग़
सो गई रास्ता तक-तक के हर इक राहगुज़ार[3]
अजनबी ख़ाक ने धुन्धला दिये क़दमों के सुराग़
गुल करो शमीरं[4], बढ़ा दो मै-ओ-मीना-ओ-अयाग[5]
अपने बे-ख़्वाब किवाड़ों को मुक़फ़्फ़ल[6] करलो
अब यहां कोई नहीं, कोई नहीं आएगा

* * *

1, राही 2, सोये हुए 3, मार्ग 4, बुझा दो शमा 5, सुराही, प्याले और शराब 6, ताले लगाना

انتہائے کار

پتوار کے خوگر کو
ناکام بھی دیکھو گے؟
آغاز سے واقف ہو
انجام بھی دیکھو گے؟

رنگینیِ دنیا سے
مایوس سا ہو جانا
دُکھتا ہوا دل لے کر
تنہائی میں کھو جانا

ترسی ہوئی نظروں کو
حسرت سے جھکا لینا
فریاد کے ٹکڑوں کو
آہوں میں چھپا لینا

THE ULTIMATE

Someone steeped in his vanity
Will you see him lose objectivity
You know how it all began
Will you see the end of creativity

To become so despondent
With the world's liveliness
With a dart in heart
To be lost in lonliness

With deprivation in eyes
To lower them in wishfulness
Fragments of one's signs
To hide in wistfulness

Intehā-E-Kār

patavāra se k͟hūgara ko
nākāma bhī dekhoge?
āg͟hāza se vāqifa ho
anjāma bhī dekhoge?

raṅgīnī-e-duniyā se
māyūsa sā hojānā
dukhatā huā dila lekara
tanhāī meṃ kho jānā

tarasī huī nazaroṃ ko
hasarata se jhukā lenā
faarayāda ke ṭukaḍoṃ ko
āhoṃ meṃ chupā lenā

इन्तेहा-ए-कार[1]

पतवार के ख़ूगर[2] को
नाकाम भी देखोगे?
आग़ाज़ से वाक़िफ़ हो
अन्जाम भी देखोगे?

रंगीनी–ए–दुनिया से
मायूस सा होजाना
दुखता हुआ दिल लेकर
तन्हाई में खो जाना

तरसी हुई नज़रों को
हसरत से झुका लेना
फ़रयाद के टुकड़ों को
आहों में छुपा लेना

---

1. काम की पराकाष्ठा 2. आदी

راتوں کی خموشی میں
چھپ کر کبھی رولینا
مجبور جوانی کے
ملبوس کو دھولینا

جذبات کی وسعت کو
سجدوں سے بسا لینا
بھولی ہوئی یادوں کو
سینے سے لگالینا

* * *

In the dead of night
Sometimes to cry unseen
For youthfulness awash
To wash the raiment clean

The sentiments galore
To suppress with supplication
The memories long forgotten
To remember with runiwation

* * *

rātoṃ kī <u>kh</u>āmośī meṃ
chupa kara kabhī rolenā
majabūra javānī ke
malabūsa ko dholenā

jazabāta kī vusaata ko
sajadoṃ se basā lenā
bhūlī huī yādoṃ ko
sīne se lagā lenā

रातों को ख़ामोशी में
छुप कर कभी रो लेना
मजबूर जवानी के
मल्बूस[1] को धोलेना

जज़्बात की वुसअत[2] को
सजदों से बसा लेना
भूली हुई यादों को
सीने से लगालेना

* * *

1. लिबास 2. विस्तार

غزل

وقف حرمان و یاس رہتا ہے
دل ہے اکثر اداس رہتا ہے
تم تو غم دے کے بھول جاتے ہو
مجھ کو احساں کا پاس رہتا ہے

رات یوں دل میں تری کھوئی ہوئی یاد آئی
جیسے ویرانے میں چپکے سے بہار آجائے
جیسے صحراؤں میں ہولے سے چلے بادِ نسیم
جیسے بیمار کو بے وجہ قرار آجائے

* * *

GHAZAL

To remorse and despair heart is so prone
Dishearted as heart is, oft'tis moron
unfeelingly for you, you may all disown
unfailingly for me, no question not to own

Last night your memory camc to haunt, lovelorn
As if spring had entered a desert jaunt, forlorn
As if in a desert, so softly breeze may refresh
As if in sickness inexplicity, one may fool roborn

* * *

Ghazal

vaqfa haramāna-va-yāsa rahatā hai
dila hai aksara udāsa rahatā hai
tuma to ghama de ke bhūla jāte ho
mujha ko ehasāṃ kā pāsa rahatā hai

rāta yūṃ dila meṃ terī khoī yāda āī
jaise vīrāne meṃ cupake se bahāra āī
jaise saharāoṃ meṃ hole se cale bāde-nasīma
jaise bīmāra ko bevajaha qarāra ājāe

ग़ज़ल

वक़्फ़ हरमान-व-यास[1] रहता है
दिल है अक्सर उदास रहता है
तुम तो ग़म दे के भूल जाते हो
मुझ को एहसां का पास रहता है

रात यूं दिल में तेरी खोई हुई याद आई
जैसे वीराने में चुपके से बहार आई
जैसे सहराओं[2] में होले से चले बादे-नसीम[3]
जैसे बीमार को बेवजह क़रार आजाए

● ● ●

---

1. निराशाओं को समर्पित 2. मरूस्थलों में 3. मृदु समीर

دامنِ یوسف

جاں بیچنے کو جو آئے تو بے دام بیچ دی
اے اہلِ مصر وضع تکلّف تو دیکھئے
انصاف ہے کہ حُکم سے عقوبت سے پیشتر
اک بار سوئے دامنِ یوسف تو دیکھئے

پھر حشر کے ساماں ہوتے ایوانِ ہوس میں
بیٹھے ہیں زوی الصعل گنہگار کھڑے ہیں
ہاں جرمِ وفا دیکھئے کس کس پہ ہے ثابت
وہ سارے خطا کار سردار کھڑے ہیں

* * *

YUSUF'S COURT....

A life was for sale, gratuitously it was sold
O residents of Egypt, an irony you just behold
In all fairness, for Yousaf, in the court you hold
You once witness the torn garment, even before you scold

Capricious court is re-assembled for uncourtly impaling
Minions of justice are ensconced, the accused are detailing
Who among them are proven guilty of the offence of fealty
All those on charge are lined up, near the gallow's railing

* * *

Dāman-E-Yūsuf

jāṃ becane ko jo āe to bedāma beca dī
ai āihale misra vazā takallufa to adekhie
insāfa hai ke hukma se aqubata se peśtara
ika bāra sūe dāmana-e-yūsufa to dekhie

phira haśra ke sāmāṃ hote aivāna-e-havasa meṃ
baiṭhe haiṃ zavī-ula-sāla gunāhagāra khaḍe haiṃ
hāṃ jurma-e-vafā dekhie kisa kisa pe hai sābita
vaha sāre khatā-kāra saradāra khaḍe haiṃ

दामन-ए-यूसुफ़

जां बेचने को जो आए तो बेदाम बेच दी
ऐ अहले मिस्र वज़ा तकल्लुफ़[1] तो देखिए
इन्साफ़ है के हुक्म से अकूबत से पेश्तर
इक बार सूए दामन-ए-यूसुफ़ तो देखिए

फिर हश्र के सामां होते ऐवान-ए-हवस[2] में
बैठे हैं ज़वी-उल-अदल[3] गुनहगार खड़े हैं
हां जुर्म-ए-वफ़ा देखिए किस किस पे है साबित
वह सारे ख़ता-कार सरदार खड़े हैं

* * *

1. औपचारिकता 2. दिवानगी का महल 3. धार्मिक-लोग

کب ٹھہرے گا....

کب ٹھہرے گا درد اے دل کب رات بسر ہوگی
سنتے تھے وہ آئیں گے، سنتے تھے سحر ہوگی

کب جان لہو ہوگی، کب اشک گہر ہوگا
کس دن تری سنوائی اے دیدۂ تر ہوگی

کب مہکے گی فصلِ گل کب بہکے گا میخانہ
کب صبحِ سخن ہوگی، کب شامِ نظر ہوگی

واعظ ہے نہ زاہد ہے، ناصح ہے نہ قاتل ہے
اب شہر میں یاروں کی کس طرح بسر ہوگی

کب تک ابھی راہ دیکھیں اے قامتِ جانانہ
کب حشر معین ہے تجھ کو تو خبر ہوگی

* * *

WHEN....?

When will night be over, O heart, when will pain abate
We heard beloved would come, Dawn would emanate

When will soul be set to inspire, when will tears turn sapphire
When at last you will be acknowledged, O you tearful eyes in spate

When will spring fluoresce, when will tavern effervesce
When will adage and nuance prosper and propagate

There is no preacher or priest, no detractor, no tormentor
Whom will friends in the habitat be friend to associate

When will you condescend, O friend, hwo long shall we wait
When will the dooms day descend, O you beauty incarnate

* * *

Kab Ṭhehregā....

kaba ṭheharegā ai-dila, kaba rāta basara hogī
sunate the voha āaiṃge, sunate the sahara hogī

kaba jāna lahū hogī, kaba aśka guhara hogā
kisa dina terī sunvāī ai dīdā-e-tara hogī

kaba mahakegī fasala-e-gula, kaba bahakegā maikhānā
kaba subaha-sukhana hogī, kaba śāma nazara hogī

vāiza hai na zāhida hai, nāseha hai nā qatila hai
aba śahara meṃ yāroṃ kī kisa taraha basara hogī

kaba taka abhī rāha dekheṃ ai qāmata-e-jānānā
kaba haśra maina hai tujha ko to khabara hogī

* * *

कब ठहरेगा....

कब ठेहरेगा ऐ–दिल, कब रात बसर होगी
सुनते थे वो आएंगे, सुनते थे सहर होगी

कब जान लहू होगी कब अश्क गुहर[1] होगा
किस दिन तेरी सुन्वाई ऐ दीदा–ए–तर होगी

कब महकेगी फसल–ए–गुल, कब बहकेगा मैख़ाना
कब सुबह–सुख़न[2] होगी, कब शाम नज़र होगी

वाइज़[3] है न ज़ाहिद[4] है, नासेह[5] है ना क़ातिल है
अब शहर में यारों की किस तरह बसर होगी

कब तक अभी राह देखें ऐ क़ामत–ए–जानाना
कब हश्र मुअय्यन[6] है तुझ को तो ख़बर होगी

* * *

---

1. मोती 2. कलाम, बात 3. उपदेशक 4. पवित्र 5. नसीहत करने वाला 6. निर्धारित

دو قطعے

دل رہینِ غمِ جہاں ہے آج
ہر نفس تشنۂ فغاں ہے آج
سخت ویراں ہے محفلِ ہستی
اے غمِ دوست! تو کہاں ہے آج

●

فضائے دل پہ اداسی بکھرتی جاتی ہے
فسردگی ہے کہ جاں تک اترتی جاتی ہے
فریبِ زیست سے قدرت کا مدعا معلوم
یہ ہوش ہے کہ جوانی گزرتی جاتی ہے

* * *

TWO VERSES....

Heart. is hostage to worldly woes to day
Each breath is enmeshed in the throes to day
The feast of life is devastated
Where are you, O friend's vows to day

Cheerless is enveloping whole world of heart
Dreariness is permeating soul's every part
As for life's deception, what purpose on nature's part
Except the knowledge that youthfulness is steadily to depart

* * *

Qataāt

dila rahana-e-g̲hama jahāṃ hai āja
hara nafasa tiśnā-e-fug̲hāṃ hai āja
sak̲h̲ata vīrāṃ hai mahafila-e-hastī
ai g̲hama-e-dosta! tū kahāṃ hai āja

fizā-e-dila pe udāsī bikharatī jātī hai
phusaradagī hai ke jāṃ taka utaratī jātī hai
fareba-e-zīsta se qudarata kā mudaā mālūma
ye hośa hai ke javānī guzaratī jātī hai

✹ ✹ ✹

दो क़तऐ

दिल रहन-ए-ग़म जहां है आज
हर नफ़स तिश्ना-ए-फुग़ां[1] है आज
सख़्त वीरां है महफ़िल-ए-हस्ती
ऐ ग़म-ए-दोस्त! तू कहां है आज

●

फ़िज़ा-ए-दिल पे उदासी बिखरती जाती है
फुसरुदगी है के जां तक उतरती जाती है
फ़रेब-ए-ज़ीस्त[2] से कुदरत का मुदआ मालूम
ये होश है के जवानी गुज़रती जाती है

✸ ✸ ✸

---

1. फ़रियाद 2. ज़िन्दगी

آج کی رات

آج کی رات سازِ درد نہ چھیڑ!

دکھ سے بھرپور دن تمام ہوئے
اور کل کی خبر کسے معلوم؟
دوش و فردا کی مٹ چکی ہیں حدود
ہو نہ ہو اب سحر کسے معلوم؟
زندگی، ہیچ! مگر آج کی رات
ایزدیت ہے ممکن آج کی رات
آج کی رات سازِ درد نہ چھیڑ!

اب نہ دہرا افسانۂ الم
اپنی قسمت پہ سوگوار نہ ہو
فکرِ فردا اتاردے دل سے
عمرِ رفتہ پہ اشکبار نہ ہو

TONIGHT....

Don't recall doleful music to night

Days full of misery are all over
Who knows what days to come portend
Between the past and the future, nothing to comprehend
Who knows if ever dawn will be around the bend
Life bereft of hope tonight
But maybe miraculous scope tonight
Don't recall doleful music tonight

Now don't repeat tale of woes
Don't berate your fate
Get rid of tomorrow's apprehensions
Don't shed, for the past, tears inspate

Āj Kī Rāt

āja kī rāta sāza-e-darda na ched̂a

dukha se bharapūra dina tamāma hue
aura kala kī k͟habara kise mālūma?
dośo-fardā kī miṭa cukī haiṃ hadūda
ho na ho aba sahara kise mālūma?
zindagī, hīca! magara āja kī rāta
aizīdīyata hai mumkina āja kī rāta
āja kī rāta sāza-e-darda na ched̂a

aba na doharā afasānā-e-alama
apanī qisamata pe sogavāra na ho
fikra-e-kardā utāra de dila se
umra-e-rafatā para aśkabāra na ho

आज की रात

आज की रात साज़–ए–दर्द[1] न छेड़

दुख से भरपूर दिन तमाम हुए
और कल की ख़बर किसे मालूम?
दोशो–फ़र्दा[2] की मिट चुकी हैं हदूद
हो न हो अब सहर किसे मालूम?
ज़िन्दगी, हीच! मगर आज की रात
ऐज़ीदीयत[3] है मुमकिन आज की रात
आज की रात साज़–ए–दर्द न छेड़

अब न दोहरा अफ़साना–ए–अलम[4]
अपनी क़िस्मत पे सोगवार न हो
फ़िक्र–ए–फ़र्दा[5] उतार दे दिल से
उम्र–ए–रफ़ता पर अश्कबार न हो

---

1. दर्द का राग 2. अतीत और भविष्य 3. ईश्वरीय 4. दुःख की कहानियां 5. कल की चिंता

عہدِ غم کی حکایتیں مت پوچھ
ہو چکیں سب شکایتیں مت پوچھ
آج کی رات سازِ درد نہ چھیڑ!

٭ ٭ ٭

No recall of tales of grief
No recall of sad brief
No recall of doleful music tonight

* * *

ahada-e-g͟hama kī hikāyateṃ mata pūcha
ho cukī saba śikāyateṃ mata pūcha
āja kī rāta sāza-e-darda na cheḍa

अहद-ए-ग़म की हिकायतें मत पूछ
हो चुकीं सब शिकायतें मत पूछ
आज की रात साज़-ए-दर्द न छेड़

❋ ❋ ❋

بے دم ہوئے....

بے دم ہوئے بیمار، دوا کیوں نہیں دیتے
تم اچھے مسیحا ہو، دوا کیوں نہیں دیتے

دردِ شبِ سحراں کی جزا کیوں نہیں دیتے
خونِ دلِ وحشی کا صلا کیوں نہیں دیتے

مِٹ جائے گی مخلوق تو انصاف کروگے
مُنصف ہو تو اب حشر اٹھا کیوں نہیں دیتے

ہاں نکتہ ورو لاؤ لب و دل کی گواہی
ہاں نغمہ گرو ساز صدا کیوں نہیں دیتے

پیمانِ جنوں ہاتھوں کو شرمائے گا کب تک
دل والو، گریباں کا پتا کیوں نہیں دیتے

بربادیٔ دل جبر نہیں فیض کسی کا
وہ دشمنِ جاں ہے تو بُھلا کیوں نہیں دیتے

* * *

THE SICK....

The sick are out of breath,, why not give medicament
What good are you, as healer, why be in a predicament

Why not recompense the pangs of night of separation
Why not pay the just reward for heart's crazy commitment

Ah! you will deliver justice, when populace is out of place
Why, if you are a judge, you prejudge, but do not pronounce judgement

O you men of letters, call as witness head and heart
Yes, O you troubadours, why no music and amusement

How long will the pledge of fealty put to shame frailty
O you with your hand on heart, why be afraid of denouement

Laceration of heart, O Faiz, is not an act of veneration
Why not your renunciation, if beloved is unrepentent

* * *

Be Dam Hue....

be dama hue bīmāra davā kyoṃ nahīṃ dete
tuma acche masīhā ho, davā kyoṃ nahīṃ dete

darda-e-śaba-e-saharāṃ kī davā kyoṃ nahīṃ dete
k͟hūna-e-dila-e-vahaśī kā silā kyoṃ nahīṃ dete

miṭa jāegī mak͟halūqa to insāfa karoge
munsifa ho to aba haśra uṭhā kyoṃ nahīṃ dete

hāṃ nuktā-varu lāoṃ laba-o-dila kī gavāhī
hāṃ nag͟hamā garo sāza sadā kyoṃ nahīṃ dete

paimāne junūṃ hāthoṃ ko śaramāegā kaba taka
dila vālo, garībāṃ kā patā kyoṃ nahīṃ dete

barabādī-e-dila jabara nahīṃ faiza kisī kā
voha duśmana-e-jāṃ hai to bhulā kyoṃ nahīṃ dete

❋ ❋ ❋

बे दम हुए....

बे दम हुए बीमार दवा क्यों नहीं देते
तुम अच्छे मसीहा हो, दवा क्यों नहीं देते

दर्द–ए–शब–ए–सहरा की दवा क्यों नहीं देते
ख़ून–ए–दिल–ए–वहशी का सिला क्यों नहीं देते

मिट जाएगी मख़लूक़ तो इन्साफ करोगे
मुन्सिफ़ हो तो अब हश्र उठा क्यों नहीं देते

हां नुक्ता–ए–वरू लाओ लब–ओ–दिल की गवाही
हां नग़मा गरो साज़ सदा क्यों नहीं देते

पैमाने जुनूं हाथों को शरमाएगा कब तक
दिल वालो, गरीबां का पता क्यों नहीं देते

बरबादी–ए–दिल जब्र नहीं 'फ़ैज़' किसी का
वो दुश्मन–ए–जां है तो भुला क्यों नहीं देते

✱ ✱ ✱

شبِ انتظار

تم آئے ہو نہ شبِ انتظار گزری ہے
تلاش منیں ہے سحر، بار بار گزری ہے

ہوئی ہے حضرتِ ناصح سے گفتگو جس شب
وہ شب ضرور سرِ کوئے یار گزری ہے

وہ بات، سارے فسانے میں جس کا ذکر نہ تھا
وہ بات ان کو بہت ناگوار گزری ہے

نہ گل کھلے ہیں، نہ اُن سے ملے، نہ مے پی ہے
عجیب رنگ میں اب کے بہار گزری ہے

چمن پہ غارتِ گلچیں سے جانے کیا گزری ہے
قفس سے آج صبا بے قرار گزری ہے

* * *

NIGHT OF WAITING

You haven't come, night of waiting is tiresome
Dawn is still distant, impossible it has become

Whichever night we happened to talk with the preacher
That night in beloved's alley, we were not lonesome

In the tale of love, whatever was left unsaid
The omission beloved regarded as entirely irksome

No efflorescence, no effervescence, no beloved's acqueiscence
The spring this time, unhappily, has not been very welcome

What havoc the gardener wrou ght on the garden state
The breeze today, passing the cage, with grief is vercome

* * *

Śab-E-Intezār

tuma āe ho nā śaba-e-intezāra guzarī hai
talāśa meṃ hai sahara bāra-bāra guzarī hai

huī hai hazarata-e-nāseha se gufatagu jisa śaba
voha śaba zarūra sara-e-kue yāra guzarī hai

voha bāta sāre fasāne meṃ jisa kā zikra na thā
voha bāta unako bahuta nā-gavāra guzarī hai

nā gula khile haiṃ, na unase mile, na mai pī hai
ajība raṅga meṃ aba ke bahāra guzarī hai

camana meṃ g̲h̲ārata-e-gulacana se jāne kyā guzarī
qafasa se āja sabā be-qarāra guzarī hai

✸ ✸ ✸

शब-ए-इन्तज़ार

तुम आए हो ना शब-ए-इन्तज़ार गुज़री है
तलाश में है सहर बार-बार गुज़री है

हुई है हज़रत-ए-नासेह[1] से गुफ़्तगु जिस शब
वो शब ज़रूर सर-ए-कुए यार गुज़री है

वो बात सारे फ़साने में जिस का ज़िक्र न था
वो बात उनको बहुत नागवार गुज़री है

न गुल खिले हैं, न उनसे मिले, न मै पी है
अजीब रंग में अब के बहार गुज़री है

चमन में ग़ारत-ए-गुलचन से जाने क्या गुज़री
क़फ़स[2] से आज सबा[3] बे-क़रार गुज़री है

* * *

1. नसीहत करने वाला 2. क़ैद 3. ठंडी हवा

ایک قطعہ

متاعِ لوح و قلم چھن گئی تو کیا غم ہے
کہ خونِ دل میں ڈبو لی ہیں انگلیاں میں نے
زبان پہ مہر لگی ہے تو کیا کہ رکھ دی ہے
ہر ایک حلقۂ زنجیر میں زباں میں نے

* * *

A VERSE

No fret, no sweat, if pen and paper I am denied
My fingers in heart's blood I have suffused and dyed
If tongue has been sealed, in spirit I do not yield
I have put in every fetter, a sensor to confide

* * *

Ek Qatā

matā-e-loha-o-qalama china gaī to kyā g̲h̲ama hai
ke k̲h̲ūna-e-dila meṃ ḍubolī haiṃ uṃgaliyāṃ maiṃ ne
zabāṃ pe mohara lagī hai to kyā ke rakha dī hai
hara eka halaqā-e-zanjīra meṃ zabāṃ maiṃ ne

✸ ✸ ✸

एक क़तआ

मता-ए-लोह-ओ-क़लम[1] छिन गई तो क्या ग़म है
के ख़ून-ए-दिल में डुबोली हैं उंगलियां मैं ने
ज़बां पे मोहर लगी है तो क्या के रख दी है
हर एक हलक़ा-ए-ज़न्जीर[2] में ज़बां मैं ने

* * *

1. क़लम औ तख़्ती की पूंजी 2. ज़ंजीर की प्रत्येक कड़ी

قطعات

ضبط کا عہد بھی ہے شوق کا پیمانہ بھی ہے
عہد و پیماں سے گزر جانے کو جی چاہتا ہے
درد اتنا ہے کہ ہے رگ میں ہے محشر برپا
اور سکوں ایسا کہ مرجانے کو جی چاہتا ہے

●

دور جاکر قریب ہو جتنے
ہم سے کب تم قریب تھے اتنے
اب نہ آؤ گے تم نہ جاؤ گے
وصل و ہجراء بہم ہوئے اتنے

* * *

TWO VERSES

For restraint and zest your pledge, your pact you do not hedge
Heart is wishing to surpass both pact and pledge
So much pain in every vein, no less than sure hell
And peace is such that heart is wishing to go to edge

Having gone far, you are so near
You were as for us never more dear
Now you will neither come, nor you will go
How consummation and separation have been merged here

* * *

Qatāt

zabta kā ahada bhī hai śauqa kā paimānā bhī
ahada-o-paimāṃ se guzara jāne ko jī cāhatā hai
darda itanā hai ke hai raga meṃ hai mahaśara barpā
aura sakūṃ aisā ke marajāne ko jī cāhatā hai

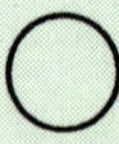

dūra jākara qarība ho jitane
hama se kaba tuma qarība the utane
aba na āoge tuma na jāoge
vasla-va-hijarā bahama hue itane

✹ ✹ ✹

दो क़तऐ

ज़ब्त का अहद भी है शौक़ का पैमाना भी
अहद–ओ–पैमां[1] से गुज़र जाने को जी चाहता है
दर्द इतना है के है रग में है महशर–बर्पा[2]
और सकूं ऐसा के मर जाने को जी चाहता है

●

दूर जाकर क़रीब हो जितने
हम से कब तुम क़रीब थे उतने
अब न आओगे तुम न जाओगे
वस्ल–व–हिजर–बहम[3] हुए इतने

* * *

1. वादा और सौगंध 2. प्रलय छाया हुआ 3. मिलाप व जुदाई आपस में

کب تک دل کی خیر منائیں....

کب تک دل کی خیر منائیں، کب تک راہ دِکھلاؤ گے
کب تک چَین کی مہلت دو گے، کب تک یاد نہ آؤ گے

بیتا دید امید کا موسم، خاک اُڑتی ہے آنکھوں میں
کب بھیجو گے درد کا بادل، کب برکھا برساؤ گے

عہدِ وفا یا ترکِ محبت، جو چاہو سو آپ کرو
اپنے بس کی بات ہی کیا ہے، ہم سے کیا منواؤ گے

کس نے وصل کی سورج دیکھا، کس پر ہجر کی رات ڈھلی
گیسوؤں والے کون تھے، کیا تھے، ان کو کیا جتلاؤ گے

فیض دلوں کے بھاگ میں ہے، گھر بھرنا بھی لُٹ جانا بھی
تم اُس حسن کے لطف و کرم پر کتنے دن اِتراؤ گے

* * *

TILL WHEN ?

How long to wish our heart luck, how long will you tantalise
How long will you deal the rope, how long shall we surmise

Hope of sighting season is over, eyes are covered with dust
When will cloud of pain burst, to rain from the skies

Your love pledge or love to hedge, you do what you may
Nothing we can do to sway, whatever you may devise

Whose love came to fruition, whose night of separation was frustration
Who and what were folk with tassels, in front a curtain lies

O Faiz, a heart is fated to win some and lose some
How long beloved's munificence you will vainly eulogise

* * *

Kab Tak Dil Kī Khair Manāaiṃ

kaba taka dila kī khaira manāaiṃ, kaba taka rāha dikhalāoge
kaba taka caina kī mohalata doge, kaba taka yāda na āoge

bītā dīda ummīda kā mausama, khāka uḍatī hai āṃkhoṃ meṃ
kaba bhejoge darda kā bādala kaba barakhā barasāoge

ahada-e-vafā yā tarka-e-muhabbata jo cāho so āpa karo
apane basa kī bāta hī kyā hai, hama se kyā manavāoge

kisa ne vasla kī sūraja dekhā, kisa para hijarata kī rāta ḍhalī
gesuoṃ vāle kauna the kyā the ina ko kyā jatalāoge

faiza diloṃ ke bhāga meṃ hai, ghara bharanā bhī luṭa jānā bhī
tuma usa husna ke lutfa-o-karama para kitane dina itarāoge

* * *

कब तक दिल की ख़ैर मनाएं....

कब तक दिल की ख़ैर मनाऐं, कब तक राह दिखलाओगे
कब तक चैन की मोहलत दोगे, कब तक याद न आओगे

बीता दीद[1] उम्मीद का मौसम, ख़ाक उड़ती है आंखों में
कब भेजोगे दर्द का बादल कब बरखा बरसाओगे

अह्द–ए–वफ़ा या तर्क–ए–मुहब्बत जो चाहो सो आप करो
अपने बस की बात ही क्या है, हम से क्या मनवाओगे

किस ने वस्ल[2] की सूरज देखा, किस पर हिजरत[3] की रात ढली
गेसुओं वाले कौन थे क्या थे इन को क्या जतलाओगे

'फ़ैज़' दिलों के भाग में है, घर भरना भी लुट जाना भी
तुम उस हुस्न के लुत्फ़–ओ–करम पर, कितने दिन इतराओगे

* * *

---

1. दर्शन 2. मिलान 3. जुदाई

آئینہ عالم

پھر آئینہ عالم شاید کہ نکھر جائے
پھر اپنی نظر شاید تاحدِّ نظر جائے

صحرا پہ لگے پہرے اور قفل پڑے بن پر
اب شہر بدر ہوکر دیوانہ کدھر جائے

خاکِ رہ جاناں پہ کچھ خوں تھا گرو اپنا
اس فصل میں ممکن ہے یہ قرض اتر جائے

دیکھ آئیں چلو ہم بھی جس بزم میں سنتے ہیں
جو خندہ بلب آئے وہ خاک بسر جائے

یا خوف سے درگزریں یا جاں سے گزر جائیں
مرنا ہے کہ جینا ہے اک بات ٹھہر جائے

* * *

WORLD VIEW

Again the world view we may envision
Again our vision may be free of illusion

Desert is under surveillance, woods are out of bounds
Where may crazy lover go looking for seclusion

We owed a debt of gratitude for beloved's kindness
It may this time be possible to pay back with profusion

Come, let's visit the beloved's enclave, with its reputation
Whoever enters with an expectation, leaves in delusion

Either we overcome our fear, or we lose our life dear
Not to go to be, we have to arrive at a conclusion

* * *

Āīnā-E-Ālam

phira āīnā-e-ālama śāyada ke nikhara jāe
phira apanī nazara śāyada tāhadda-e-nazara jāe

saharā pe lage pahare aura qafla paḍe bana para
aba śahara-badara hokara dīvānā kidhara jāe

khāka-e-raha jānāṃ pe kucha khūṃ thā garū apanā
isa fasala meṃ mumkina hai yaha qarza utara jāe

dekha āaiṃ calo hama bhī jisa bazma meṃ sunte haiṃ
jo khandā balba āe voha khāka basara jāe

yā khaufa se dara guzareṃ yā jāṃ se guzara jāaiṃ
maranā hai ke jīnā hai ika bāta ṭhahara jāe

* * *

आईना-ए-आलम

फिर आईना-ए-आलम[1] शायद के निखर जाए
फिर अपनी नज़र शायद ताहद्द-ए-नज़र जाए

सहरा पे लगे पहरे और क़ुफ़्ल[2] पड़े बन पर
अब शहर-बदर होकर दीवाना किधर जाए

ख़ाक-ए-रह[3] जानां पे कुछ ख़ूं था गुरू[4] अपना
इस फ़स्ल में मुम्किन है यह क़र्ज़ उतर जाए

देख आएँ चलो हम भी जिस बज़्म में सुनते हैं
जो ख़न्दा-बल्ब[4] आए वो ख़ाक बसर जाए

या ख़ौफ़ से दर गुज़रें या जां से गुज़र जाएँ
मरना है के जीना है इक बात ठहर जाए

✸ ✸ ✸

---

1. संसार का दर्पण 2. ताले 3. रास्ते की मिट्टी 4. गर्व

دُعا

آیئے ہاتھ اٹھائیں ہم بھی
ہم جنہیں رسمِ دعا یاد نہیں
ہم جنہیں سوزِ محبت کے سوا
کوئی بت، کوئی خدا یاد نہیں

آیئے عرض گزاریں کہ نگارِ ہستی
زہر افروز میں شیرینیٔ فردا بھردے
وہ جنہیں تابِ گراں باریٔ ایّام نہیں
ان کی پلکوں پہ شب و روز کو ہلکا کردے

جن کی آنکھوں کو رخِ صبح کا یارا بھی نہیں
ان کی راتوں میں کوئی شمع منوّر کردے
جن کی قدموں کو کسی رہ کا سہارا بھی نہیں
ان کی نظروں پہ کوئی راہ اجاگر کردے

PRAYER

Come, let's raise our hands high
We seem to froget prayer's traditional norm
We seem to forget god, to prefer demigods
To cling to the unseemly creed and form

Come, let's entreat the fair world to treat
To sweeten their tomorrow for today's bitter potion
For those with the disability to shoulder life's burdens
Their daily task be lightened in fair proportion

Whose eyes even cannot bear the morning light
Let their nights be brightened with a light incandescent
Those whose steps are lacking support and guidance
Let their path be brightened with their sight transcendent

Duā

āīye hātha uṭhāyeṃ hama bhī
hama jinheṃ rasma-e-duā yāda nahīṃ
hama jinheṃ soza-e-muhabbata ke sivā
koī buta, koī khudā yāda nahīṃ

āīye arza guzāreṃ ke nigāra-e-hastī
zahara-afaroza meṃ śīrīnī-e-fardā bharade
voha jinheṃ tāba-e-girāṃ bārī-e-ayyāma nahīṃ
una kī palakoṃ pe śaba-o-roza ko halkā karade

jina kī āṃkhoṃ ko rukha-e-subaha kā yārā bhī nahīṃ
una kī rātoṃ meṃ koī śamā munavvara karade
jina kī qadamoṃ ko kisī raha kā sahārā bhī nahīṃ
una kī nazaroṃ pe koī rāha ujāgara karade

दुआ

आईए हाथ उठायें हम भी
हम जिन्हें रस्म–ए–दुआ याद नहीं
हम जिन्हें सोज़–ए–मुहब्बत[1] के सिवा
कोई बुत, कोई ख़ुदा याद नहीं

आईए अर्ज़ गुज़ारें के निगार–ए–हस्ती[2]
ज़हर–अफ़रोज़[3] में शीरीनी–ए–फ़र्दा[4] भरदे
वो जिन्हें ताब–ए–गिरां[5] बारी–ए–अय्याम[6] नहीं
उन की पलकों पे शब–ओ–रोज़ को हल्का करदे

जिन की आंखों को रुख़–ए–सुबह का यारा भी नहीं
उन की रातों में कोई शमा मुनव्वर करदे
जिन की क़दमों को किसी रह का सहारा भी नहीं
उन की नज़रों पे कोई राह उजागर करदे

---

1. मुहब्बत की पीड़ा 2. अस्तित्व 3. ज़हर उगलने वाला 4. आने वाले कल की मिठास 5. बहुमूल्य चमक 6. आने वाले दिन की प्रतीक्षा

عشق کا سرِ نہاں جانِ تپاں ہے جس سے
آج اقرار کریں اور تپش مٹ جائے
حرفِ حق دل میں کھٹکتا ہے جو کانٹے کی طرح
آج اظہار کریں اور خلش مٹ جائے

* * *

The hidden source of love is passion for commitment
Today we may resolve to obliterate perversity
With passion for the truth which agitates the heart
Today we may resolve to overcome adversity

✸ ✸ ✸

iśqa kā sare-nihāṃ jāna-e-tapāṃ hai jisa se
āja iqarāra kareṃ aura tapiśa miṭa jāc
harfa-e-haqa dila meṃ khaṭakatā hai jo kāṇṭe kī taraha
āja izahāra kareṃ aura khaliśa miṭa jāe

✸ ✸ ✸

इश्क़ का सरे निहां जान-ए-तपां है जिस से
आज इक़रार करें और तपिश मिट जाए
हर्फ़-ए-हक़ दिल में खटकता है जो कांटे की तरह
आज इज़हार करें और ख़लिश मिट जाए

* * *

ربّا سچیّا (پنجابی)

ربّا سچیّا توُ تے آکھیا سی
جا اوئے بندیا جگ داشاہ ہیں توں
ساڈیاں نعمتاں تیریاں دولتاں ہن
ساڈا نیب تے عالیجاہ ہیں توں

ایس لارے تے ٹور کدپچھیا ای
کیہ اس نمانے تے بیتیاں نیں
کدی ساروی لی او رب سائیاں
تیرے شاہ نال جگ کیہ کیتیاں نیں

کِتے دھونس پولیس سرکاردی اے
کِتے دھاندلی مال پٹوار دی اے
اینوں ہڈاں وِچ کلپے جان میری
جیویں پھاہی وِچ گونج کرلاوندی اے
چنگا شاہ بنایا ای رب سائیاں
پولے کھاندِ یاں وار نہ آوندی اے

O GOD ALMIGHTY

O God almighty, you had ordained
Go, O you man, you are king on earth
You own our benevolene and our blessings
As exalted viceregent on land and firth

Despatching us with that pledge, did you ever enquire
How this poor wretch was faring and feeling
Did you, O provider of world, indeed so desire
The treatment for your king that the world was dealing

By government functionaries some times repressed
By revenue baillifs, some times oppressed
For all this, my soul seethes depressed
Like a bird in cage utterly possessed
How well you fashioned a king, O God
Incessently pummeled and unredressed

Rabbā Sacayyā (Panjābī)

rabbā sacayyā tūte ākhapāsī
jā oye bandayā jaga dāśāha haiṃ toṃ
sāḍiyāṃ nematāṃ teriyāṃ dolatāṃ hana
sāḍā nība te ālījāha haim toṃ

esa lāre te ṭora kada puchayāhī
kyā isa namāne te bītiyāṃ nīṃ
kadī sakhī lī u-raba sāīyāṃ
tere śāha nāla jaga kyā kītāṃ hīṃ

kitte dhoṃsa pulisa sarakādī ai
kitte dhāndhalī māla paṭavāradī ai
aitoṃ haḍāṃ vica kalape jāna merī
jīveṃ phāhī vica kūñja karalāvandī ai
caṅgā śāha banāyā ī raba sāīyāṃ
pave khānā yāṃ vāra nā āuṃdī ai

रब्बा सचय्या (पंजाबी)

रब्बा सचय्या तूते आखपासी
जा ओये बन्दया जग दाशह हैं तों
साडियां नेमतां तेरियां दोलतां हन
साडा नीब ते आलीजाह हैं तों

एस लारे ते टोर कद पुछयाही
क्या इस नमाने ते बीतियां जीं
कदी सखी ली ऊ-रब साईयां
तेरे शाह नाल जग क्या कीतां ही

कित्ते धौंस पुलिस सरकारदी ऐ
कित्ते धांधली माल पटवार दी ऐ
ऐततों हडां विच कलपे जान मेरी
जीवें फाही विच कूंज करलावंदी ऐ
चंगा शाह बनाया ई रब साईयां
पवे खाना यां वार त्रा आउं ऐ

مینوں شاہی نہیں چاہیدی رب میرے
میں تے عِزّت داٹکر منگناں ہاں
مینوں ناگ نئیں محلاں ماڑیاں دی
میں تے جیون دی ٹکر منگناں ہاں

میری منیں تے تیریاں میں منّاں
تیری سرنہہ جے اک وی گل موڑاں
جے ایہہ مانگ نئین پجدی تیں ربّا
فیر میں جاواں تے ربّ کوئی ہورلوڑاں

• • •

I do not need kingship, O God almighty
I just need to sustain with bread, with respect
I just donot crave for a palatial enclave
I need just a nook, enough to protect

Your will I will respect , if you accept my request
I swear not to waver or to deflect
But, if O God, my plea is not so approved
For another God, then, I shall go in quest

* * *

mainūṃ śāhī nahīṃ cālīdī raba mere
maiṃ te izzata dā, ṭakara maṅganāṃ rihāṃ
mainū tāṅga naiṃ mohalāṃ mâdiyāṃ adī
maiṃ te hayona dī ṭukara maṅganāṃ hāṃ

merī manteṃ te teriyāṃ meṃ mannāṃ
tere sivā je ika vī gala moḍâṃ
je īha māṅga naiṃ puja te rabbā
phera maiṃ jāvāṃ te raba koī horaloḍâṃ

✹ ✹ ✹

मैनू शाही नहीं चालीदी रब मेरे
मैं ते इज़्ज़त दा, टकर मंगनां रिहां
मैनू तांग नइं मोहलां माड़ियां दी
मैं ते हयोन दी दुकर मंगनां हां

मेरी मन्नें ते तेरियां में मन्नां
तेरे सिवा जे इक वी गल मोड़ां
जे ईह मांग नईं पुजदी ते रब्बा
फेर मैं जावां ते रब कोई होर लोड़ां

❋ ❋ ❋

گیت (پنجابی)

کدھرے نہ پیندیاں دسّاں
وے پردیسیا تیریاں
کاگ اڈاوں، شگن مناواں
وگدی وادے ترلے پاواں
تیری یاد پوے تے رواں
تیرا ذکر کراں تے ہسّاں
کدھرے نہ پیندیاں دسّاں
وے پردیسیا تیریاں

درد نہ دساں گھُلدی جاواں
راز نہ کھولاں، مُکدی جاواں
کس نوں دل دے داغ دِکھاواں
کس در اگے جھولی ڈھاواں
وے میں کس دا دامن کھسّاں
کدھرے نہ پیندیاں دسّاں
وے پردیسیا تیریاں

LYRIC

How to tell my inner feeling
For you, O my itinirant friend
To scare off birds, to throw the dice
To implore the passing breeze and surmise
remembering you, I am moved to cries
To mention you with utmost feeling
How to tell my inner feeling
To you, O my itinerant friend

Not divulging pain, I am consumed
Not divulging secret, I am subsumed
To show my chequered heart to whom
Whom to beg for help, presumed
Oh, whom to accost for my appealing
How to tell my inner feeling
for you, O my itinirant friend

Gīt (Panjābī)

kidhara na paindiyāṃ rassāṃ
ve paradesiyā teriyāṃ
kāga uḋāvāṃ śagana manāvāṃ
vagadī vā de tarale pāvāṃ
terī yāda pave te rovāṃ
terā zikra karāṃ te hassāṃ
kidhare na paindiyāṃ rassāṃ
ve paradesiyā teriyāṃ

darda na dasāṃ ghuladī jāvāṃ
rāza na kholāṃ, mukadī jāvāṃ
kisa nūṃ dila de dāg͟ha dikhāvāṃ
kisa dara de unage jholī ḍhāvāṃ
ve maiṃ kisa dā dāmana kharasāṃ
kidhare ne paindiyāṃ rassāṃ
ve paradesiyā teriyāṃ

गीत (पंजाबी)

किधरे न पैंदियां रस्सां
वो परदेसिया तेरियां

काग उड़ावां शगन मनावां
वगदी वादे तरले पावां
तेरी याद पवे ते रोवां
तेरा ज़िक्र करां ते हस्सां
किधरे न पैंदियां रस्सां
वे परदेसिया तेरयां

दर्द न दसां घुलदी जावां
राज़ न खोलां, मुकदी जावां
किस नूं दिल दे दाग़ दिखावां
किस दर दे उनगे झोली ढावां
चे मैं किस दा दामन खस्सां
किधरे न पैंदियां रस्सां
वे परदेसिया तेरियां

شام اڈیکاں، فجر اڈیکاں
آکھیں تے ساری عمر اڈیکاں
آنڈ گوانڈی دِیوے بلدے
ربا ساڈا چانن گھل وے
جگ وسدائے میں وی وسّاں
کدھرے نہ پیندیاں دسّاں
وے پردیسیا تیریاں

* * *

Evening time I wait, morning time I wait
If you so wish, whole life time I wait
In neighbourhood, all around, lights burn
O God, send me the light for which I yearn
The world is living it up, I should also be wheeling
How to tell my inner feeling
How to tell my inner feeling
For you, O my itinerant friend

* * *

śāma aḍīkāṃ, fajara uḍīkāṃ
āṃkheṃ te sārī umra uḍīkāṃ
āṃu guvāṇḍī dīve balade
rabbā sāḍā cānana ghalade
jaga vasadā hai maiṃ vī varasāṃ
kidhare na paindiyāṃ rassāṃ
ve paradesiyā teriyāṃ

❋ ❋ ❋

शाम अडीकां, फ़जर उडीका
आखें ते सारी उम्र उडीकां
आंड गुवांडी दीवे बलदे
रब्बा साडा चानन घल डे
जग वसदा है मै वी वस्सां
किधरे न पैंदियां रस्सां
वे परदेसिया तेरियां

* * *

پنجابی غزل

لمبی رات سی درد فراق والی
تیرے قول تے اساں وِساہ کرکے
کوڑا گھُٹ کیتی مٹھڑے یار میرے
مٹھڑے یار میرے، جانی یار میرے

تیرے قول تے اساں وِساہ کرکے
جھانجراں وانگ زنجیراں چھنکائیاں نیں
کدی کنّیں مُندراں پائیاں نیں
کدی پیرِیں بیڑیاں چائیاں نیں

تیری تانگ وچ پُٹ داماس دے کے
اساں کاگ سدے، اساں سنیہہ گھلّے
رات مُکدی اے یار آوندا اے
اسی تکدے رہے ہزاروورے

PUNJABI GHAZAL

Night of separation was tortuously long to spend
We trusted your word of mouth, O friend
We drank the bitter potion, O my dear friend
O my dear friend, O my bosom friend

We trusted your word of mouth, O friend
Trinkets and baubles we put on for attention
ear rings, sometimes we wore for pretention
Feet were fetters sometimes for contention

In your love, we gave our pound of flesh
We sent our message through birds, with our pledge afresh
With night on the wane, beloved may soon come
We keep looking in vain, with nothing to refresh

Panjābī Ghazal

lambī rāta sī darda firāqa vālī
tere qaula te asāṃ vasāḥa karake
kauđā ghuṭa kaitī muṭhaḍe yāra mere
muṭhaḍe yāra mere, jānī yāra mere

tere qaula te asāṃ visāha karake
jhāñjharāṃ vāṅga zanjīrāṃ chaṅkāīyāṃ ne
kadī kannīṃ mundarāṃ pāīyāṃ nīṃ
kadī pairī beaḍīyāṃ cāīyāṃ nīṃ

terī tāhaṅga vica paṭa domāsa deke
asāṃ kāga sade, asāṃ saneha ghalle
rāta mukadī ai yāra āvandā ai
asī takade rahe hazāravare

koī āyā na banā khūnāmayāṃ de
koī pujjā na śivā lāhamayāṃ de
aja lāha alāhai muṭhaḍe yāra mere
aja āo vehaḍe vichaḍe yāra mere

पंज़ाबी गज़ल

लम्बी रात सी दर्द फ़िराक़ वाली
तेरे क़ौल ते असां वसाह करके
कौड़ा घुट कैती मुठड़े यार मेरे
मुठड़े यार मेरे, जानी यार मेरे

तेरे क़ौल ते असां विसाह करके
झांझरां वांग ज़न्जीरां छंकाईयां ने
कदी कन्नीं मुन्दरां पाईयां नीं
कदी पैरी बेड़ीयां चाईयां नीं

तेरी ताहंग विच पुट दोमास देके
असां काग सदे, असां सनेह घल्ले
रात मकदी ऐ यार आवन्दा ऐ
असी तकदे रहे हज़ावरे

کوئی آیا نہ بِنا خُتامیاں دے
کوئی پُچھّا نہ سِوا لاہمیاں دے
اج لاہ اُلاہمے مٹھڑے یار میرے
اج آوپھرے وِچھڑے یار میرے

فجر ہووے تے آکھئے بسم اللہ
اج دولتاں ساڈے گھر آئیاں نیں
جھدے قول تے اساں وساہ کیتا
اوہتے اوڑک توڑ نبھاہیاں نیں

* * *

No one, however, has obliged
We take it as beloved's complaint disguised
You end our complaint, to day, O dear friend
You enter our bay, today, O estranged friend

At the break of dawn, we may welcome you
That we may find in our stead, a treasure in lieu
That the word of mouth we had so trusted
The beloved has requited the very pledge anew

* * *

fajara hove te ākhiye bisamillāha
aja daulatāṃ sāḍe ghara āīyāṃ nīṃ
jihade qaula te asāṃ vasāha kītā
oha te od̂ake tod̂a nibhāiyāṃ nīṃ

* * *

कोई आया न बना ख़ुनामयां दे
कोई पुज्जा न सिवा लाहामयां दे
अज लाह अलाहे मुठड़े यार मेरे
अज आओ वेहड़े विछड़े यार मेरे

फ़जर होवे ते आखिये बिसमिल्लाह
अज दौलतां साडे घर आईयां नीं
जिहदे क़ौल ते असां वसाह कीता
ओह ते ओड़क तोड़ निभाइयां नीं

* * *

غزل

عجزِ اہلِ ستم کی بات کرو
عِشق کے دم قدم کی بات کرو

بزمِ اہلِ طرب کو شرماؤ
بزمِ اصحابِ غم کی بات کرو

بزمِ ثروت کے خوش نشینوں سے
عظمتِ چشمِ نم کی بات کرو

ہے وہی بات یوں بھی اور یوں بھی
تم ستم یا کرم کی بات کرو

ہجر کی شب تو کٹ ہی جائے گی
روزِ وصلِ صنم کی بات کرو

جان جائیں گے جاننے والے
فیض، فرہاد وجم کی بات کرو

* * *

GHAZAL

Talk of those in torment, their humility
Talk of lovers' intent, their loyalty

Put to shame those indulging in revelry
Talk of those suffering in adversity

To those ensconced in palatial enclave
Talk of tearful eyes, their dignity

Either way it means the same thing
Talk of indifference or affinity

Night of separation will, some how, pass
Talk of union time's affability

The knowledgeable will be credulous, O Faiz
Talk of Farhād and Jam's credibility

* * *

Ghazal

ajaza ehale-e-sitama kī bāta karo
iśqa ke dama qadama kī bāta karo

bazama-e-ehala-e-taraba ko śarmāo
bazma-e-saravata ke khuśa naśīnoṃ se

bazma-e-saravata ke khuśa naśīnoṃ se
azamata-e-caśma-e-nama kī bāta karo

hai vahī bāta yūṃ bhī aura yūṃ bhī
tuma sitama yā karama kī bāta karo

hijra kī śaba to kaṭa hī jāegī
roza-e-vasla-e-sanama kī bāta karo

jāna jāaiṃge jānne vāle
"faiza" farahāda-o-jama kī bāta karo

✵ ✵ ✵

ग़ज़ल

अजज़ एहल–ए–सितम[1] की बात करो
इश्क़ के दम क़दम की बात करो

बज़्म–ए–एहल–ए–तरब[2] को शर्माओ
बज़्म–ए–असहाब–ए–ग़म[3] की बात करो

बज़्म ए सरवत[4] के ख़ुश नशीनों[5] से
अज़मत–ए–चश्म–ए–नम[6] की बात करो

है वही बात यूं भी और यूं भी
तुम सितम या करम की बात करो

हिज्र[7] की शब तो कट ही जाएगी
रोज़–ए–वस्ल–ए–सनम[8] की बात करो

जान जाएंगे जानने वाले
'फ़ैज़' फ़रहाद–ओ–जम[9] की बात करो

* * *

---

1. अत्याचार करने वालों का प्रभुत्व 2. ख़ुशियों की महफ़िल 3. दुखियों की महफ़िल 4. अमीरों की महफ़िल 5. सौभाग्यशाली 6. नम आंख वालों की बड़ाई 7. जुदाई 8. प्रिय से मिलन का दिन 9. फ़रहाद व शराब

غزل

آئے کچھ ابر، کچھ شراب آئے
اس کے بعد آئے جو عذاب آئے

بامِ مینا سے ماہتاب اترے
دستِ ساقی میں آفتاب آئے

ہر رگِ خوں میں پھر چراغاں ہو
سامنے پھر وہ بے نقاب آئے

کر رہا تھا غمِ جہاں کا حساب
آج تم یاد بے حساب آئے

اس طرح اپنی خامشی گونجی
گویا ہر سمت سے جواب آئے

فیض تھی راہ سربسر منزل
ہم جہاں پہنچے، کامیاب آئے

* * *

GHAZAL

Let the wine flow, let sky be overcast
Let mind not be clouded, let revelry last

Let moon be reflected in the flask and glass
Let bargirl be resplendent with the wine repast

Let blood, again in every vein be on the boil
Let the beloved then be cool in contrast

I was figureing sorrows of my life's lot
To day a lot you have figured in my past

Our silence had became an echo in itself
As if replies resounded thick and fast

O Faiz, the passage itself was destination
In every sail, our flag was on the mast

* * *

G͟hazal

āe kucha abra, kucha śarāba āe
usa ke bāda āe jo azāba āe

bāma-e-mīnā se māhatāba utare
dasta-e-sāqī meṃ āfatāba āe

hara raga-e-k͟hūṃ meṃ phira cirāg͟hāṃ ho
sāmane phira voha be-naqāba āe

kara rahā thā g͟hame jahāṃ kā hisāba
āja tuma yāda be-hisāba āe

isa taraha apanī k͟hāmaśī gūñjī
goyā hara simta se javāba āe

"faiza" thī rāha sara basara mañzila
hama jahāṃ pohañce kāmayāba āe

✹ ✹ ✹

ग़ज़ल

आए कुछ अब्र[1], कुछ शराब आए
उस के बाद आए जो अज़ाब आए

बाम–ए–मीना से माहताब उतरे
दस्त–ए–साक़ी में आफ़ताब आए

हर रग–ए–ख़ूं[2] में फिर चिराग़ां हो
सामने फिर वो बे–नक़ाब आए

कर रहा था ग़मे–जहां का हिसाब
आज तुम याद बे–हिसाब आए

इस तरह अपनी ख़ामुशी गूंजी
गोया हर सिम्त से जवाब आए

'फ़ैज़' थी राह सर बसर मंज़िल
हम जहां पहुंचे कामयाब आए

* * *

---

1. बादल, 2. नसों के ख़ून में

غزل

ترے غم کو جاں کی تلاش تھی، ترے جاں نثار چلے گئے
ترے رہ میں کرتے تھے سر طلب، سرِ رہگزار چلے گئے

تری کج ادائی سے ہار کے شبِ انتظار چلے گئے
مرے ضبط حال سے روٹھ کر مرے غمگسار چلے گئے

نہ سوالِ وصل، نہ عرضِ غم، نہ حکایتیں، نہ شکایتیں
تیرے عہد میں دلِ زار کے سبھی اختیار چلے گئے

یہ ہمیں تھے جن کے لباس پر سرِ راہ سیاہی لکھی گئی
یہی داغ تھے جو سجا کے ہم سرِ بزم یار چلے گئے

نہ رہا جنونِ رُخِ وفا، یہ رسن یہ دار کروگے کیا
جنہیں جُرمِ عشق پہ ناز تھا، وہ گناہ گار چلے گئے

* * *

GHAZAL

Zest for you was in my quest, your admirers have departed
Those with the stake of head and heart have left down hearted

Lonesome night is a casualty of your tiresome vanity
So tired of my sanity, my counsellors have just parted

No appeal for reunion, no repeal for disunion, no fiction, no depiction
In your realm, for the poor heart, restrictions have been imparted

It is we whose apparel was in public blackened
With the chequered spots in place, to the enclave we resorted

No respect for stead fastness, no usefulness for rope and cordon
Those who had disdain for pardon, have of late departed

* * *

G̲h̲azal

tere g̲h̲ama ko jāṃ kī talāśa thī, tere jāṃ nisāra cale gae
tere raha meṃ karate the sara talaba, sare rahaguzāra cale gae

tarī kaza-adāī se hāra ke śaba-e-intezāra cale gae
mere zabta-hāla se rūṭha kara mere g̲h̲amagusāra cale gae

na savāle-vasla, na arza-e-g̲h̲ama, na hikāyateṃ, na śikāyateṃ
tere ehada meṃ dila-e-zāra ke sabhī ik̲h̲atiyāra cale gae

yaha hamīṃ the jina ke libāsa para sare rāha siyāhī likhī gaī
yahī dāg̲h̲a the jo sazā ke hama sare bazma-e-yāra cale gae

na rahā junūna-e-ruk̲h̲a vafā, yaha rasana yaha dāra karoge kyā
jinheṃ jurma-e-iśqa pe nāza thā vaha gunahagāra cale gae

✸ ✸ ✸

ग़ज़ल

तेरे ग़म को जां की तलाश थी, तेरे जां–निसार चले गए
तेरे रह में करते थे सर तलब, सरे रहगुज़ार चले गए

तरी कज–अदाई[1] से हार के शब–ए–इन्तज़ार चले गए
मेरे ज़ब्त–हाल से रूठ कर मेरे ग़मगुसार चले गए

न सवाले–वस्ल[2], न अर्ज़–ए–ग़म[3], न हिकायतें, न शिकायतें
तेरे अह्द में दिल–ए–ज़ार के सभी इख़्तियार चले गए

यह हमीं थे जिन के लिबास पर सरे राह सियाही लिखी गई
यही दाग़ थे जो सजा के हम सरे बज़्म–ए–यार चले गए

न रहा जुनून–ए–रुख़ वफ़ा, यह रसन ,यह दार करोगे क्या
जिन्हें जुर्म–ए–इश्क़ पे नाज़ था वो गुनहगार चले गए

* * *

---

1. टेढ़ा अंदाज़ 2. मिलन का सवाल 3. दुःख का प्रदर्शन

غزل

شرحِ بے دردیٔ حالات نہ ہونے پائی
اب کے بھی دل کی مدارات نہ ہونے پائی

پھر وہی وعدہ جو اقرار نہ بننے پایا
پھر وہی بات جو اثبات نہ ہونے پائی

پھر وہ پروانے جنہیں اذنِ تنہارت نہ مِلا
پھر وہ شمعیں کہ جنہیں رات نہ ہونے پائی

پھر وہی جاں بلبی لذّتِ مے سے پہلے
پھر وہی محفل جو خرابات نہ ہونے پائی

پھر دمِ دید رہے چشم و نظر دید طلب
پھر شبِ وصل ملاقات نہ ہونے پائی

فیض سر پر جو ہر اک روز قیامت گزری
ایک بھی روز مکافات نہ ہونے پائی

❋ ❋ ❋

GHAZAL

For the world's indifference, there was no justification
As it was, for the heart, now no exhortation

Again the same promise which could not be compacted
Again the same ambivalence in beloved's conversation

Again the same moths which did not reach martyrdom
Again the same candles for which no night's dispensation

Again the same evanescence before effervescence
Again the same enclave which lacked exhileration

Again at the verge of vision, eyes could not envision
Again on the eve of reunion, the same frustration

O Faiz, as each and every day, we faced doomsday
There was not a single day, by way of compensation

* * *

Ghazal

śaraha bedaradī-e-hālāta na hone pāī
aba ke bhī dila kī madārāta na hone pāī

phira vahī vādā jo iqarāra na banane pāyā
phira vahī bāta jo asabāta na hone pāī

phira voha paravāne jinheṃ azana-e-tanhārata na milā
phira voha śameṃ ke jinheṃ rāta na hone pāī

phira vahī jāṃ balbī lazata-e-mai se pahale
phira voha amahaphila jo kharābāta na hone pāī

phira đama-dīda rahe caśma-o-nazara dīda talaba
phira śaba-e-vasla mulāqāta na hone pāī

"faiza" sara para jo hara ika roza qayāmata guzarī
eka bhī roza mukāfāta na hone pāī

✸ ✸ ✸

ग़ज़ल

तरह बेदरदी-ए-हालात[1] न होने पाई
अब के भी दिल की मदारात[2] न होने पाई

फिर वही वादा जो इक़रार न बनने पाया
फिर वही बात जो असबात[3] न होने पाई

फिर वो परवाने जिन्हें अज़न-ए-तन्हारत न मिला
फिर वो शमें के जिन्हें रात न होने पाई

फिर वही जां बल्बी[5] लज़्ज़त-ए-मै से पहले
फिर वो महफ़िल जो ख़राबात[6] न होने पाई

फिर दम-दीद-रहे[7] चश्म-ओ-नज़र दीद तलब
फिर शब-ए-वस्ल[8] मुलाक़ात न होने पाई

'फ़ैज़' सर पर जो हर इक रोज़ क़यामत गुज़री
एक भी रोज़ मुकाफ़ात[9] न होने पाई

* * *

1. वातावरण की निदर्यता 2. आवभगत 3. पूरा 5. मरने के क़रीब 6. शराबख़ाना 7. राह में आंखें बिछाये 8. मिलन की रात 9. बदला, प्रतिशोध

پھر لوٹا ہے....

پھر لوٹا ہے خورشید جہانتاب سفر سے
پھر نورِ سحر دست و گریباں ہے سحر سے

پھر آگ بھڑکنے لگی ہر سازِ طرب سے
پھر شعلے لپکنے لگے ہر دیدۂ تر سے

پھر نکلا ہے دیوانہ کوئی پھونک کے گھر کو
کچھ کہتی ہے ہر راہ ہر اِک راہگزر سے

وہ رنگ ہے امسال گلستاں کی فضا کا
اوجھل ہوئی دیوارِ قفس حدِّ نظر سے

ساغر تو کھنکتے ہیں شراب آئے نہ آئے
بادل تو گرجتے ہیں گھٹا برسے نہ برسے

پاپوش کی کیا فکر ہے، دستار سنبھالو
پایاب ہے جو موج گزر جائے گی سر سے

* * *

AGAIN IT RETURNED....

Incandescent sun again has returned from its exploration
Radiance of dawn with disappearance of dawn is in disputation

Fire again is aglow with every mirthful song
Flames again are leaping from the eyes in saturation

Some crazy lover, again, has left the hapless hamlet
Every way says something to wayfarer in desperation

The garden environment is in a ferment in the current season
The wall of confinement of the cage is out of visualisation

Winecups are exultant, even if wine is non-existent
Clouds at least are turbolent, there may be no condensation

Don't you worry for footwear, look after your headgear
Surging wave overhead will cause inundation

* * *

Phir Lauṭā Hai....

phira lauṭā hai k͟hurśīda jahāntāba safara se
phira nūra-e-sahara dasta-o-girebāṃ hai sahara se

phira āga bhaḍakane lagī hara sāza-e-taraba se
phira śaule lapakane lage hara dīdā-e-tara se

phira nikalā hai divānā koī phūṅka ke ghara ko
kucha kahatī hai hara rāha hara ika rahaguzara se

voha raṅga hai imsāla gulistāṃ kī afizā kā
ojhala huī dīvāra-e-qafasa hadde nazara se

sāg͟hara to khanakate haiṃ śarāba āe na āe
bādala to garajate haiṃ ghaṭā barase na barase

pāpūśa kī kyā fikra hai, dastāra sambhālo
pāyāba hai jo mauja, guzara jāe gī sara se

✹ ✹ ✹

फिर लौटा है....

फिर लौटा है ख़ुर्शीद जहान्ताब सफ़र से
फिर नूर-ए-सहर दस्त-ओ-गिरेबां[1] है सहर से

फिर आग भड़कने लगी हर साज़-ए-तरब से
फिर शोले लपकने लगे हर दीदा-ए-तर से

फिर निकला है दिवाना कोई फूंक के घर को
कुछ कहती है हर राह हर इक रहगुज़र[2] से

वो रंग है इम्साल[3] गुलिस्तां की फ़िज़ा का
ओझल हुई दीवार-ए-क़फ़स हद्दे नज़र से

साग़र तो खनकते हैं शराब आए न आए
बादल तो गरजते हैं घटा बरसे न बरसे

पापूश[4] की क्या फ़िक्र है, दस्तार संभालो
पायाब है जो मौज, गुज़र जाएगी सर से

* * *

---

1. हाथा-पाई 2. राहगीर 3. इस वर्ष 4. जूता

تجھے پکارا ہے....

تجھے پکارا ہے بے ارادہ
جو دل دکھا ہے بہت زیادہ

ندیم ہو تیرا حرفِ شیریں
تو رنگ پر آئے رنگِ بادہ

عطا کرو اِک ادائے دیریں
تو اشک سے تر کریں لبادہ

نہ جانے کس دن سے منتظر ہے
دلِ سرِ رہگزر فتادہ

کہ ایک دن پھر نظر میں آئے
وہ بامِ روشن، وہ درکشادہ

وہ آئے پُرسش کو پھر سجائے
قبائے رنگیں، ادائے سادہ

* * *

ENTREAT....

We have entreated you inadvertently
As our heart has been treated indifferently

If your message brings sweet tidings
Then wine will effervesce exultantly

You grant us one beguiling look
We'll wash raiment with tears poignently

Who knows since how long in waiting
Our heart lies in the way expectantly

We wish one day to see again
Your habitat awash, fervently

Beloved may come again, to enquire
Dressed colourfully, gesturing reverentially

* * *

Tujhe Pukārā Hai....

tujhe pukārā hai be-irādā
jo dila dukhā hai bahuta zyādā

nadīma ho terā harfa śīriṃ
to raṅga para āe raṅga bādā

atā karo ika adāe derīṃ
to aśka se tara kareṃ libādā

na jāne kisa dina se muntazira hai
dila sara-e-rahaguzara fatādā

ke ika dina phira nazara meṃ āe
voha bāma rośana, voha darakuśādā

voha āe purasiśa ko phira sajāe
qabāe raṅgīṃ, adāe sādā

✹ ✹ ✹

तुझे पुकारा है....

तुझे पुकारा है बे-इरादा
जो दिल दुखा है बहुत ज़्यादा

नदीम[1] हो तेरा हर्फ़े-शीरीं[2]
तो रंग पर आए रंगे-बादा[3]

अता[4] करो इक अदाए देरीं
तो अश्क से तर करें लिबादा

न जाने किस दिन से मुन्तज़िर है
दिल सर-ए-रहगुज़र[5] फ़तादा

के इक दिन फिर नज़र में आए
वो बाम[6] रोशन, वो दरकुशादा[7]

वोह आए पुरसिश को फिर सजाए
क़बाए-रंगीं[8], अदाए सादा

* * *

1. मित्र 2. मीठे बोल 3. शराब कार रंग 4. प्रदान 5. रास्ते में 6. खिड़की 7. खुला दरवाज़ा 8. रंगीन आवरण

نصیب....

نصیب آزمانے کے دن آ رہے ہیں
قریب اُن کے آنے کے دن آ رہے ہیں

جو دل سے کہا ہے، جو دل سے سنا ہے
سب اُن کو سنانے کے دن آ رہے ہیں

ابھی سے دل و جاں سرِ راہ رکھ دو
کہ لٹنے لٹانے کے دن آ رہے ہیں

ٹپکنے لگی اُن نگاہوں سے مستی
نگاہیں چرانے کے دن آ رہے ہیں

صبا پھر ہمیں پوچھتی پھر رہی ہے
چمن کو سجانے کے دن آ رہے ہیں

چلو فیض پھر سے کہیں دل لگائیں
سنا ہے ٹھکانے کے دن آ رہے ہیں

* * *

DAY OF FORTUNE....

Days of fortune testing are at hand
Days of our beloved's meeting are at hand

What we said to the heart, what we heard from the heart
Days of telling beloved everything are at hand

Put at stake, for beloved sake, heart and soul now
Days of philandering and squandering are at hand

Beloved's eyes are exulting a message subtle
Days of eye's exalting are at hand

Breeze again with us tentatively consulting
Days of the garden's embellishing are at hand

Come again, O Faiz, let us get entangled
Days of favourable understanding are at hand

* * *

Nasīb....

nasība āzamāne ke dina ā rahe haiṃ
qarība unake āne ke dina ā rahe haiṃ

jo dila se kahā hai, jo dala se sunā hai
saba unako sunāne ke dina ā rahe haiṃ

abhī se dila-o-jāṃ sara-e-rāha rakha do
ke luṭane luṭāne ke dina ā rahe haiṃ

ṭapakane lagī una nigāhoṃ se mastī
nigāheṃ curāne ke dina ā rahe haiṃ

sabā phira hameṃ pūchatī phira rahī hai
camana ko sajāne ke dina ā rahe haiṃ

calo "faiza" phira se kahīṃ dila lagāaiṃ
sunā hai ṭhikāne ke dina ā rahe haiṃ

✹ ✹ ✹

नसीब ....

नसीब आज़माने के दिन आ रहे हैं
क़रीब उनके आने के दिन आ रहे हैं

जो दिल से कहा है, जो दिल से सुना है
सब उनको सुनाने के दिन आ रहे हैं

अभी से दिल–ओ–जां सर–ए–राह[1] रख दो
के लुटने लुटाने के दिन आ रहे हैं

टपकने लगी उन निगाहों से मस्ती
निगाहें चुराने के दिन आ रहे हैं

सबा[2] फिर हमें पूछती फिर रही है
चमन को सजाने के दिन आ रहे हैं

चलो 'फ़ैज़' फिर से कहीं दिल लगाएें
सुना है ठिकाने के दिन आ रहे हैं

* * *

---

1. रास्ते में 2. हवा

غزل

کس شہرنہ شہرہ ہوا نادانیِ دل کا
کس پر نہ کھلا راز پریشانیِ دل کا

آؤ کریں محفل پہ زرِ زخم نمایاں
چرچا ہے بہت بے سرو سامانیِ دل کا

دیکھ آئیں چلو کوئے نگاراں کا خرابہ
شاید کوئی محرم ملے ویرانیِ دل کا

پوچھو تو شیرفگن کون ہے یارو
سونپا تھا جسے کام نگہبانیِ دل کا

دیکھو تو کدھر آج رخِ بادِ صبا ہے
کس رہ سے پیام آیا ہے زندانیِ دل کا

اترے تھے کبھی فیض وہ آئینۂ دل میں
عالم ہے وہی آج بھی حیرانیِ دل کا

* * *

GHAZAL

We were infamous everywhere, thanks to our waywardness
Everyone was privy to our heart's restlessness

Come, let's enrich the enclave to behold wound's gold
There is a lot of talk about our hearts impoverishedness

Come, let's make a sally into the beloved's alley
Maybe we meet someone there witness to heart's desultriness

Who is aiming darts and arrows, find out, O friends
Not the friend we trusted to fend for heart's stead fastness

Just see in which direction the breeze is blowing today
From which direction the message is coming of heart's listlessness

Beloved once had entered, O Faiz, our heart to ensnare
Heart today is still enthrilled, with hardly any steadiness

❋ ❋ ❋

Ghazal

kisa śahara na huā nādānī-e-dila kā
kisa para na khulā rāza pareśānī-e-dila kā

āo kareṃ mahafila pe zare-zakhama-numāyāṃ
carcā hai bahuta be-sara-o-sāmānī-e-dila kā

dekha āaiṃ calo kue nigārāṃ kā kharābā
śāyada koī maharama mile vīrānī-e-dila kā

pūcho to śaira fagana kauna hai yāroṃ
saumpā thā jise kāma nigahabānī-e-dila kā

dekho to kidhara āja rukha-e-bāda-e-sabā hai
kisa raha se payāma āyā hai zindānī-e-dila kā

utare the kabhī "faiza" voha āīnā-e-dila meṃ
ālama hai vahī āja bhī hairānī-e-dila kā

* * *

ग़ज़ल

किस शहर न शोहरा हुआ नादानी-ए-दिल[1] का
किस पर न खुला राज़ परेशानी-ए-दिल का

आओ करें महफ़िल पे ज़रे-ज़ख्म-नुमायाँ[2]
चर्चा है बहुत बे-सर-ओ-सामानी-ए-दिल[3] का

देख आएँ चलो कुए-निगारां[4] का ख़राबा[5]
शायद कोई महरम मिले वीरानी-ए-दिल का

पूछो तो शेर फ़गन कौन है यारो
सौंपा था जिसे काम निगहबानी-ए-दिल[6] का

देखो तो किधर आज रुख़-ए-बाद-ए-सबा[7] है
किस रह से पयाम आया है ज़िन्दानी-ए-दिल का

उतरे थे कभी 'फ़ैज़' वो आईना-दिल[8] में
आलम है वही आज भी हैरानी-ए-दिल का

* * *

---

1. दिल की नादानी 2. घाव का प्रदर्शन 3. दिल की बेबसी 4. महबूबों की गली 5. खण्डहर 6. दिल की रखवाली 7. पूर्वा हवा की दिशा 8. दिल के आईने में

راہِ زندگی....

سہل یوں راہِ زندگی کی ہے
ہر قدم ہم نے عاشقی کی ہے

ہم نے دل میں سجالئے گلشن
جب بہاروں نے بے رخی کی ہے

زہر سے دھولئے ہیں اپنے ہونٹ
لطفِ ساقی نے جب کمی کی ہے

تیرے کوچے میں بادشاہی کی
جب سے نکلے گداگری کی ہے

بس وہی سرخرو ہوا جس نے
بحرِ خوں میں شناوری کی ہے

جو گزرتے ہیں فیض، پر صدمے
اب وہی کیفیت سبھی کی ہے

* * *

WAY TO LIFE....

We made life simple this way
At every step to love and play

We embellished our heart with garden state
When spring turned sour to our dismay

We washed our lips with poisonous potion
When we found barmaid was in fray

We were an emperor in your alley
Out on a sally, we were at bay

Only those who toiled with sweat and blood
Were destined to triumph and to stay

What sorrows only Faiz suffered
For everyone now, they hold their sway

* * *

Rāhe Zindagī....

sahala yūṃ rāhe zindagī kī hai
hara qadama hama ne āśaqī kī hai

hama ne dila meṃ sajā lie gulśana
jaba bahāroṃ ne beru<u>kh</u>ī kī hai

zahara se gholiye haiṃ apane hoṇṭa
lutfa-e-sāqī ne jaba kamī kī hai

tere kūce meṃ bādaśāhī kī
jaba se nikale gadā-garī kī hai

basa vahī sura<u>kh</u>arū havā jisa ne
bahara-e-<u>kh</u>ūṃ meṃ śanādarī kī hai

jo guzarate haiṃ faiza para sadame
aba vahī kaifiyata sabhī kī hai

✸ ✸ ✸

राहे ज़िन्दगी....

सहल यूं राह ज़िन्दगी की है
हर क़दम हम ने आशक़ी की है

हम ने दिल में सजा लिए गुलशन
जब बहारों ने बेरुख़ी की है

ज़हर से धोलिये हैं अपने होंट
लुत्फ़-ए-साक़ी[1] ने जब कमी की है

तेरे कूचे में बादशाही की
जब से निकले गदा-गरी की है

बस वही सुरख़रू[2] हुआ जिस ने
बहर-ए-ख़ूं[3] में शनावरी की है

जो गुज़रते हैं 'फ़ैज़' पर सदमे
अब वही कैफ़ियत[4] सभी की है

* * *

---

1. पिलाने वाले का लुत्फ़ 2. सफ़ल 3. ख़ून के समुद में 4. स्थिति

آرزو....

نہیں نگاہ میں منزل تو جستجو ہی سہی
نہیں وصال میسّر، تو آرزو ہی سہی

نہ تن میں خون فراہم، نہ اشک آنکھوں میں
نمازِ عشق تو واجب ہے، بے وضو ہی سہی

کسی طرح تو جمے بزم میکدے والو
نہیں جو بادۂ و ساغر تو ہاؤ ہو ہی سہی

گر انتظار کٹھن ہے تو جب تلک اے دل
کسی کے وعدۂ فردا کی گفتگو ہی سہی

دیارِ غیر میں محرم اگر نہیں کوئی
تو فیض ذکرِ وطن اپنے روبرو ہی سہی

* * *

VISION....

Let there be exertion, if in vision no destination
If no chance of a reunion, let there be exhortation

In the veins no blood, in the eyes no flood
Even if no ablutions, let there be love's celebration

Let there be some effervescence, O inmates of the tavern
Even if no flask and cask, at least some exultation

If waiting is such hardship, until then O heart
Beloved's future pledge to meet may be a consolation

If in foreign land, O Faiz, there is no confidant
Let there be for native land with oneself conversation

* * *

Ārazū....

nahīṃ nigāha meṃ mañzila to justuju hī sahī
nahīṃ visāla mayassara, to ārazu hī sahī

na tana meṃ khūna farāhama na aśka āṃkhoṃ meṃ
namāza-e-iśqa to vājiba hai, be-vazū hī sahī

kisī taraha to jame bazma-e-maikade vāloṃ
nahīṃ jo bādā-o-sāghara to hā-o-hū hī sahī

gara intezāra kaṭhina hai to jaba talaka ai-dila
kisī ke vādā-e-fardā kī gufatagu hī sahī

dayāra-e-ghaira meṃ maharama agara nahīṃ koī
to "faiza" zikra-e-vatana apane rū-barū hī sahī

✹ ✹ ✹

आरज़ू....

नहीं निगाह में मंज़िल तो जुस्तुजु[1] ही सही
नहीं विसाल मयस्सर[2], तो आरज़ू ही सही

न तन में ख़ून फ़राहम न अश्क आंखों में
नमाज़–ए–इश्क़ तो वाजिब है, बे–वजु ही सही

किसी तरह तो जमे बज़्मए मैकदे वालो
नहीं जो बादा–ओ–साग़र[3] तो हा–ओ–हू ही सही

गर इन्तज़ार कठिन है तो जब तलक ऐ–दिल
किसी के वादा–ए–फ़र्दा[4] की गुफ़्तगु ही सही

दयार–ए–ग़ैर में महरम[5] अगर नहीं कोई
तो 'फ़ैज़' ज़िक्र–ए–वतन अपने रू–बरू ही सही

* * *

1. तलाश 2. उपलब्ध 3. शराब व शराब का प्याला 4. आने वाले कल का वादा 5. परिचित

غزل....

گو سب کو بہم ساغر و بادہ تو نہیں تھا
یہ شہر اُداس اتنا زیادہ تو نہیں تھا

گلیوں میں پھرا کرتے تھے دو چار دیوانے
ہر شخص کا صد چاک لبادہ تو نہیں تھا

منزل کو نہ پہچانے رہِ عشق کا راہی
ناداں ہی سہی، ایسا بھی سادہ تو نہیں تھا

تھک کر یونہی پل بھر کے لئے آنکھ لگی تھی
سو کر ہی نہ اٹھیں، یہ ارادہ تو نہیں تھا

واعظ سے رہ و رسم رہی، رند سے محبت
فرق ان میں کوئی اتنا زیادہ تو نہیں تھا

* * *

GHAZAL

Though everyone was not with wine and glass feted
This habitat was not excessively depleted

There were a few distracted folk, roaming in abstraction
Though everyone was not demented, not in mind retreated

Every trekker in love quest, may not know the destination
Though he may be a laggard, yet not to be defeated

We had just closed our eyes, for a moment to sustain
With the intent to rise again, not surely to be cheated

We were on cordial terms with the preacher and the creature
Not much to choose between the two, both were equally greeted

* * *

Terī Sūrat....

gau saba ko bahama sāg͟hara-e-bādā to nahīṃ thā
yaha śahara udāsa itanā zyādā to nahīṃ thā

galiyoṃ meṃ phirā karate the do-cāra dīvāne
hara śak͟hsa kā sara-e-cāka libādā to nahīṃ thā

mañzila ko na pahacāne rāha-e-iśqa kā rāhī
nādāṃ hī sahī, aisā bhī sadā to nahīṃ thā

thaka kara yūṃhī pala bhara ke lie āṃkha lagī thī
sokara hī na uṭheṃ yaha irādā to nahīṃ thā

vāīza se raha-o-rasma rahī, rinda se muhabbata
farqa ina meṃ koī itanā zyādā to nahīṃ thā

✸ ✸ ✸

ग़ज़ल

गो सब को बहम साग़र–ए–बादा[1] तो नहीं था
यह शहर उदास इतना ज़्यादा तो नहीं था

गलियों में फिरा करते थे दो–चार दीवाने
हर शख़्स का सर–ए–चाक लिबादा[2] तो नहीं था

मंज़िल को न पहचाने राह–ए–इश्क़ का राही
नादां ही सही, ऐसा भी सादा तो नहीं था

थक कर यूंही पल भर के लिए आंख लगी थी
सोकर ही न उठें यह इरादा तो नहीं था

वाइज़[3] से रह–ओ–रस्म रही, रिन्द[4] से मुहब्बत
फ़र्क़ इन में कोई इतना ज़्यादा तो नहीं था

* * *

1. शराब का प्याला 2. फटा कपड़ा 3. उपदेश देने वाला 4. शराबी

تیری صورت....

تیری صورت جو دلنشیں کی ہے
آشنا شکل ہر جبیں کی ہے

حسن سے دل لگا کے ہستی کی
ہر گھڑی ہم نے آتشیں کی ہے

صبحِ گل ہو کہ شام مے خانہ
مدح اُس روئے نازنیں کی ہے

شیخ سے بے ہراس ملتے ہیں
ہم نے تو یہ ابھی نہیں کی ہے

اشک تو کچھ بھی رنگ لا نہ سکے
خوں سے تر آج آستیں کی ہے

فیض اوج کمال سے ہم نے
آسماں سندھ کی زمیں کی ہے

* * *

YOUR FACE....

Your face as we take to our heart
We take every beauty your likes of sort

By our zestful commitment for our beloved
Each moment of our life plays its tempestuous part

In morning's efflorescence, in tavern's evening effervescence
The beauty of our beloved has significance to impart

We meet and greet the preacher without reservation
Abstenence of wine, as yet is not our last resort

Tears just could not help embellishment of garment
We have dyed it instead today, with the blood of heart

O Faiz, with the help of our lofty thought
We have put aloft the measure the measure of our art

* * *

Ghazal

terī sūrata jo dilanaśīṃ kī hai
āśnā śakla hara jabīṃ kī hai

husna se dila lagā ke hastī kī
hara ghaḍī hama ne ātaśīṃ kī hai

subahe-gula ho ke śāma-e-maikhānā
madaha usa rue-nāzanīṃ kī hai

śekha se be-hirāsa milate haiṃ
hama ne to yaha abhī nahīṃ kī hai

aśka to kucha bhī raṅga lā na sake
khūṃ se tara āja āstīṃ kī hai

"faiza" auja kamāla se hama ne
āsmāṃ sindha kī zamīṃ kī hai

* * *

तेरी सूरत....

तेरी सूरत जो दिलनशीं[1] की है
आश्ना शक्ल हर जबीं[2] की है

हुस्न से दिल लगा के हस्ती की
हर घड़ी हम ने आतशीं की है

सुबहे–गुल हो के शाम–ए–मैख़ाना
मदह[3] उस रुए–नाज़नी की है

शेख़ से बे–हिरास[4] मिलते हैं
हम ने तो यह अभी नहीं की है

अश्क तो कुछ भी रंग ला न सके
ख़ूं से तर आज आस्तीं की है

'फ़ैज़' औज–कमाल[5] से हम ने
आस्मां सिन्ध की ज़मीं की है

* * *

1. दिल में बैठने वाला 2. माथा 3. प्रशंसा 4. बिना लालच के
5. ऊंचाई से

دونوں جہاں....

دونوں جہاں تیری محبت میں ہار کے
وہ جا رہا ہے کوئی شبِ غم گزار کے

ویراں ہے میکدہ، خم و ساغر اداس ہیں
تم کیا گئے کہ روٹھ گئے دن بہار کے

اک فرصتِ گناہ ملی، وہ بھی چار دن
دیکھے ہیں ہم نے حوصلے پروردِگار کے

دنیا نے تیری یاد سے بیگانہ کر دیا
تجھ سے بھی دلفریب ہیں غم روزگار کے

بھولے سے مسکرا تو دیۓ تھے وہ آج فیض
مت پوچھ ولولے دلِ ناکردہ کار کے

* * *

BOTH THE WORLDS....

Philandering all and sundry, in love's liquidation
Someone leaves in a quandry, in a night of frustration

Tavern is desolate, flask and cask in sorry state
Your departure sparked the end of spring's manifestation

We enter our plea with divinity, with tongue in cheek dignity
He granted reprieve for proclivity, with four days limitation

The world sent your memory to a state of oblivion
We got embroiled with the woes of world and their deliberation

Beloved today, O Faiz, with a smile tinged with guile
Made our heart ebullient, and filled it with elation

* * *

Donoṃ Jahān....

donoṃ jahāna terī muhabbata meṃ hāra ke
voha jā rahā hai koī śaba-e-g̱hama guzāra ke

vīrāṃ hai maikadā, k̲h̲ama-o-sāg̱hara udāsa haiṃ
tuma kyā gae ke rūṭha gae dina bahāra ke

ika farsata-e-gunāha milī, voha bhī cāra dina
dekhe haiṃ hama ne hausale paravaradigāra ke

duniyā ne terī yāda se begānā kara diyā
tujha se bhī dilafareba haiṃ g̱hama rozagāra ke

bhūle se muskurā to die the voha āja "faiza"
mata pūṁcha valavale dila-e-nākaradā kāra ke

✹ ✹ ✹

दोनों जहां....

दोनों जहान तेरी मुहब्बत में हार के
वो जारहा है कोई शब-ए-ग़म[1] गुजार के

वीरां है मैकदा, ख़म-ओ-सागर[2] उदास हैं
तुम क्या गए के रूठ गए दिन बहार के

इक फुर्सत-ए-गुनाह मिली, वो भी चार दिन
देखे हैं हम ने हौसले परवरदिगार[3] के

दुनिया ने तेरी याद से बेगाना कर दिया
तुझ से भी दिलफ़रेब हैं ग़म रोज़गार के

भूले से मुस्कुरा तो दिए थे वो आज 'फैज़'
मत पूछ वलवले दिल-ए-नाकरदा-कार[4] के

* * *

---

1. दुःख भरी रात 2. शराब का प्याला और मटकी 3. भगवान
4. अनुभवहीन दिल के

یہ موسمِ گل....

یہ موسمِ گل گرچہ طرب خیز بہت ہے
احوالِ گل و لالہ غم انگیز بہت ہے

خوش دعوتِ یاراں بھی ہے، یلغارِ عدو بھی
کیا کیجئے دل کا جو کم آمیز بہت ہے

یوں پیرِ مغاں شیخ حرم سے ہوئے یک حال
میخانے میں کم ظرفئ پرہیز بہت ہے

اک گردن مخلوق جو ہر حال میں خم ہے
اک بازوئے قاتل ہے کہ خوں ریز بہت ہے

کیوں مشعلِ دل فیض چھپاؤ تہِ داماں
بجھ جائے گی یوں بھی کہ ہوا تیز بہت ہے

* * *

THIS SEASON....

Mirthful though it is this season of afflorescence
Sorrowful, however is condition of blossoms' evanescence

Friends, though, are inviting, rivals are however indicting
Pity the poor heart, caught in such ambivalence

Tavern keeper with the preacher has become intimate
In the tavern there is this lack of effervescence

Inquisitor, on the one hand, is harsh, unrelenting
Public, on the other hand, is full of acqueiscence

Why, O Faiz, protect your heart against the slings and arrows
Vulnerable as it is, in the face of fierce belligerence

✸ ✸ ✸

Yah Mausam-E-Gul....

yaha mausama-e-gula garace taraba-kheza bahuta hai
ehavāle gula-o-lālā ghama aṃgaiza bahuta hai

khuśa dāvata-e-yārāṃ bhī hai, yalaghāra-e-adu bhī
kyā kījie dila kā jo kama āmeza bahuta hai

yūṃ pīra-e-mughāṃ śaikha harama se hue yaka-hāla
maikhāne meṃ kama-zarafī-e-paraheza bahuta hai

ika garadana"-e-makhalūqa jo hara hāla meṃ khama hai
ika bāzū-e-qātila hai jo khūṃ-reza bahuta hai

kyūṃ maśaala-e-dila "faiza" chupāo taha-e-dāmāṃ
bujha jāegī yūṃ bhī ke havā teza bahuta hai

✹ ✹ ✹

यह मौसम-ए-गुल....

यह मौसम–ए–गुल गरचे तरब–ख़ेज़[1] बहुत है
एहवाले गुल–ओ–लाला[2] ग़म अंगेज़ बहुत है

ख़ुश दावत–ए–यारां भी है, यलग़ार–ए–अदु[3] भी
क्या कीजिए दिल का जो कम आमेज़ बहुत है

यूं पीर–ए–मुग़ां[4] शेख़ हरम से हुए यक–हाल
मैख़ाने में कम–ज़रफ़ी–ए–परहेज़[5] बहुत है

इक गरदन–ए–मख़लूक़[6] जो हर हाल में ख़म है
इक बाज़ु–ए–क़ातिल[7] है जो ख़ूं–रेज़ बहुत है

क्यूं मशअल–ए–दिल 'फ़ैज़' छुपाओ तह–ए–दामां[8]
बुझ जाएगी यूं भी के हवा तेज़ बहुत है

✵ ✵ ✵

---

1. प्रसन्न करने वाला 2. फूलों का हाल 3. दुश्मनी 4. मूर्ति–पूजक 5. निषेघन बचाव 6. व्यक्ति की गर्दन 7. हत्यारे का बाज़ू 8. फंदा

غزل

ہمیں سے اپنی نوا ہم کلام ہوتی رہی
یہ تیغ اپنے لہو میں قیام ہوتی رہی

مقابلِ صفِ اعدا جسے کیا آغاز
وہ جنگ اپنے ہی دل میں تمام ہوتی رہی

کوئی مسیحا نہ ایفائے عہد کو پہنچا
بہت تلاش پسِ قتلِ عام ہوتی رہی

برہمن کا کرم، وہ عطائے شیخ حرم
کبھی حیات، کبھی مے حرام ہوتی رہی

جو کچھ بھی بن نہ پڑا، فیض لٹ کے یاروں سے
تو رہزنوں سے دعاؤ سلام ہوتی رہی

* * *

GHAZAL

With ourselves, our own wailing was heard to address
The sword, to its own availing, seemed to caress

The battle we had started in the face of enemy
The same we kept fighting within our heart's fortress

No healer came to pledge, with no bets to hedge
We searched, after the mayhem, for whatever redress

It was priest's softness, it was preacher's loftiness
Sometimes abstinence of wine, sometimes life of excess

O Faiz, having been robbed at the hands of friends
We took to befriending bandits, no fear' of duress

* * *

Ghazal

hamīṃ se apanī navā hama kalāma hotī rahī
yaha tegha apane lahū meṃ qayāma hotī rahī

maqābila-e-safa-e-adā jise kiyā āghāza
voha jaṅga apane hī dila meṃ tamāma hotī rahī

koī masīhā na ai fāe ahada ko pahuñcā
bahuta talāśa pasa-e-qatala-e-āma hotī rahī

yaha barahamana kā karama, voha atāe śaikha harama
kabhī hayāta, kabhī mai harāma hotī rahī

jo kucha bhī bana na paḍā, faiza liṭa ke yāroṃ se
to rahazanoṃ se duā-o-salāma hotī rahī

❋ ❋ ❋

ग़ज़ल

हमीं से अपनी नवा हम–कलाम होती रही
यह तेग़ अपने लहू में क़याम होती रही

मक़ाबिल–ए–सफ़–ए–आदा जिसे किया आग़ाज़[1]
वो जंग अपने ही दिल में तमाम होती रही

कोई मसीहा न ऐफाए अह्द को पहुंचा
बहुत तलाश पस–ए–क़तल–ए–आम[2] होती रही

यह बरहमन का करम, वो अताए शेख़ हरम
कभी हयात, कभी मै हराम होती रही

जो कुछ भी बन न पड़ा, 'फ़ैज़' लुट के यारों से
तो रहज़नों से दुआ–ओ–सलाम होती रही

✹ ✹ ✹

1. आरम्भ 2. विध्वंस के पीछे

غزل

کیئے آرزو سے پیماں جو مآل تک نہ پہنچے
شب و روزِ آشنائی مہ و سال تک نہ پہنچے

وہ نظر بہم نہ پہنچی کہ محیطِ حسن کرتے
تری دید کے وسیلے خدو خال تک نہ پہنچے

وہی چشمہ بقا تھا جسے سب سراب سمجھے
وہی خواب معتبر تھے جو خیال تک نہ پہنچے

ترا لطفِ وجہ، تسکیں، نہ قرار شرحِ غم سے
کہ ہیں دل میں وہ گلے بھی جو ملال تک نہ پہنچے

چلو فیض دل جلائیں کریں پھر سے عرضِ جاناں
وہ سخن جو آئے لب تک، یہ سوال تک نہ پہنچے

* * *

GHAZAL

Pacts made by our longing did not come to fruition
Days and nights of belonging did not reach year's absolution

We couldn't encompass beauty with our limited sight
Your view somehow defied whatever was our intuition

That was the fountain of life what everyone regarded mirage
The very dreams were real that needed resolution

Your kindliness no use, no sorrow's rationalisation
I harbour in heart complaints, though not for institution

Come, O Faiz, to kindle our heart to entreat again beloved
The words that come to lips, yet need restitution

* * *

Ghazal

kiye ārazū se paimāṃ jo māla taka na pahuñce
śaba-o-roza-e-āśnāī mai-o-sāla taka na pahuñce

voha nazara bahama na pahuñcī ke muhīta-e-husna karate
terī dīda ke vasīle khada-o-khāla taka na pahuñce

vahī caśma-e-baqā thā jise saba sarāba samajhe
vahī khvāba mautabara the jo khayāla taka na pahuñce

terā lutafa-e-vajaha taskīṃ, na qarāra śaraha-e-ghama se
ke haiṃ dila meṃ voha gile bhī jo malāla taka na pahuñce

calo faiza dila jalāaiṃ kareṃ phira se arza-e-jānāṃ
voha sukhana jo āe laba taka, yaha savāla taka na pahuñce

✹ ✹ ✹

ग़ज़ल

किये आरज़ू से पैमां[1] जो मा'ल तक न पहुंचे
शब–ओ–रोज़–ए–आश्नाई[2] मै–ओ–साल[3] तक न पहुंचे

वो नज़र बहम न पहुंची के मुहीत–ए–हुस्न[4] करते
तेरी दीद के वसीले ख़द–ओ–ख़ाल[5] तक न पहुंचे

वही चश्म–ए–बक़ा था जिसे सब सराब समझे
वही ख़्वाब मोतबर थे जो ख़याल तक न पहुंचे

तेरा लुत्फ़–ए–वजह तस्कीं[6], न क़रार शरह–ए–ग़म[7] से
के हैं दिल में वो गिले भी जो मलाल तक न पहुंचे

चलो 'फ़ैज़' दिल जलाऐं करें फिर से अर्ज़–ए–जानां
वो सुख़न जो आए लब तक, यह सवाल तक न पहुंचे

* * *

---

1. वचन 2. रात दिन की जान पहचान 3. माह व साल 4. सौन्दर्य का घेरा 5. चेहरा मोहरा 6. सन्तुष्टि का कारण 7. दुख की अभिव्यक्ति

آپ کی یاد آتی....

آپ کی یاد آتی رہی رات بھر
چاندنی دل دُکھاتی رہی رات بھر

گاہ جلتی ہوئی، گاہ بجھتی ہوئی
شمعِ غم جھلملاتی رہی رات بھر

کوئی خوشبو بدلتی رہی پیرہن
کوئی تصویر گاتی رہی رات بھر

پھر صبا سایۂ شاخِ گل کے تلے
کوئی قصّہ سناتی رہی رات بھر

جو نہ آیا اسے کوئی زنجیر در
ہر صدا پر بلاتی رہی رات بھر

اِک امید سے دل بہلتا رہا
اِک تمنّا ستاتی رہی رات بھر

❋ ❋

REMEMBERING YOU

We kept you in mind, remembering all night
Moonlight kept tormenting all night

Some times aglow, some times gloom and glum
Meloncholic flame kept flickering all night

Sweet frankincense kept changing its tack
Some paintings kept beckoning all night

Breeze again astir underneath a bough
Some fable kept narrating all night

When beloved didn't come, doorbell had become
Impatient and kept ringing all night

Heart was ecstatic with a hope to cope
A longing to bestir kept teasing all night

* * *

Āp Kī Yād Ātī....

āpa kī yāda ātī rahī rāta bhara
cāndanī dila dukhātī rahī rāta bhara

gāha jalatī huī, gāha bujhatī huī
śama-e-g͟hama jhilamilātī rahī rāta bhara

koī k͟huśbu badalatī rahī pīrahana
koī tasvīra gātī rahī rāta bhara

phira sabā sāyā-e-śāk͟ha-e-gula ke tale
koī qissā sunātī rahī rāta bhara

jo na āyā use koī zanjīra-e-dara
hara sadā para bulātī rahī rāta bhara

eka ummīda se dila bahalatā rahā
ika tamannā satātī rahī rāta bhara

आप की याद आती....

आप की याद आती रही रात भर
चांदनी दिल दुखाती रही रात भर

गाह[1] जलती हुई, गाह बुझती हुई
शम-ए-ग़म झिलमिलाती रही रात भर

कोई ख़ुश्बु बदलती रही पैरहन[2]
कोई तस्वीर गाती रही रात भर

फिर सबा[3] साया-ए-शाख़-ए-गुल[4] के तले
कोई क़िस्सा सुनाती रही रात भर

जो न आया उसे कोई ज़न्जीर-ए-दर[5]
हर सदा पर बुलाती रही रात भर

एक उम्मीद से दिल बहलता रहा
इक तमन्ना सताती रही रात भर

* * *

1, कभी, किसी समय 2, कुर्ता, वस्त्र 3, ठंडी हवा 4, गुलाब की टहनी की छाया 5, दरवाज़े का साँकल

رازِ الفت....

رازِ الفت چھپا کے دیکھ لیا
دل بہت کچھ جلا کے دیکھ لیا

اور کیا دیکھنے کو باقی ہے
آپ سے دل لگا کے دیکھ لیا

وہ مِرے ہو کے بھی مِرے نہ ہوئے
ان کو اپنا بنا کے دیکھ لیا

آج اُن کی نظر میں کچھ ہم نے
سب کی نظریں بچا کے دیکھ لیا

فیض تکمیل غم بھی ہو نہ سکی
عشق کو آزما کے دیکھ لیا

* * *

LOVE INTENT

To hide our love intent we have tried
To keep our heart in ferment we have tried

Whatever is let as a final test
To inject the right ingredient we have tried

Beloved has failed the test of fealty
Not to be unfailing, we have tried

Today in beloved's body language
To discern the subtle element we have tried

O Faiz, in pursuit of perfection of love
To suffer utmost torment we have tried

* * *

Rāz-E-Ulfat....

rāza-e-ulfata chupā ke dekha liyā
dila bahuta kucha jalā ke adekha liyā

aura kyā dekhane ko bāqī hai
āpa se dila lagā ke dekha liyā

voha mere hoke bhī mere na hue
una ko apanā banā ke dekha liyā

āja una kī nazara meṃ kucha hama ne
saba kī nazareṃ bacā ke dekha liyā

"faiza" takamīla-e-g̱hama bhī ho na sakī
iśqa ko āzamā ke dekha liyā

✸ ✸ ✸

राज़-ए-उल्फ़त....

राज़–ए–उल्फ़त छुपा के देख लिया
दिल बहुत कुछ जला के देख लिया

और क्या देखने को बाक़ी है
आप से दिल लगा के देख लिया

वो मेरे होके भी मेरे न हुए
उन को अपना बना के देख लिया

आज उन की नज़र में कुछ हम ने
सब की नज़रें बचा के देख लिया

'फ़ैज़' तकमील–ए–ग़म[1] भी हो न सकी
इश्क़ को आज़मा के देख लिया

✹ ✹ ✹

1. दुःख की पुर्ति

غزل

شیخ صاحب سے رسم و راہ نہ کی
شکر ہے زندگی تباہ نہ کی

تجھ کو دیکھا تو سیرِ چشم ہوئے
تجھ کو چاہا تو اور چاہ نہ کی

تیرے دستِ ستم کا عجز نہیں
دل ہی کافر تھا جس نے آہ نہ کی

تھے شبِ ہجر، کام اور بہت
ہم نے فکرِ دلِ تباہ نہ کی

کون قاتل بچا ہے شہر میں فیض
جس سے یاروں نے رسم و راہ نہ کی

٭ ٭ ٭

GHAZAL

With the preacher we did not develop relation
Mercifully, we were spared ruination

Seeing you, we were satiated
Loving you, no other inclination

No less you were high handed
None the less, on our part, no lamentation

We got embroiled in worldly woes
In lonesomeness, no rumination

There is no inquisitor in the habitat, O Faiz
With whom we have had no intimation

* * *

Ghazal

śaikha sāhaba se rasma-o-rāha na kī
śukra hai zijdagī tabāha na kī

tujha ko dekhā to sare caśma hue
tujha ko cāhā to aura cāha na kī

tere daste-sitama kā ajaza nahīṃ
dila hī kāfira thā jisa na āha na kī

the śaba-e-hijra, kāma aura bahuta
hama ne fikra dila-e-tabāha na kī

kauna qātila bacā hai śahara meṃ "faiza"
jisa se yāroṃ ne rasma-o-rāha na kī

✹ ✹ ✹

ग़ज़ल

शेख़ साहब से रस्म–ओ–राह न की
शुक्र है ज़िन्दगी तबाह न की

तुझ को देखा तो सरे–चश्म[1] हुए
तुझ को चाहा तो और चाह न की

तेरे दस्ते–सितम[2] का अजज़[3] नहीं
दिल ही काफ़िर था जिस ने आह न की

थे शब–ए–हिज्र[4], काम और बहुत
हम ने फ़िक्र दिल–ए–तबाह न की

कौन क़ातिल बचा है शहर में 'फ़ैज़'
जिस से यारों ने रस्म–ओ–राह न की

* * *

1. आंखों की सारी भूख मिट गई 2. अत्याचारी हाथ 3. नम्रता
4. वियोग की रात

وفائے وعدہ نہیں....

وفائے وعدہ نہیں، وعدۂ دگر بھی نہیں
وہ مجھ سے روٹھے تھے، لیکن اس قدر بھی نہیں

برس رہی ہے حریمِ ہوس میں دولتِ حسن
گدائے عشق کے کاسے میں اک نظر بھی نہیں

نہ جانے کس لئے امیدوار بیٹھا ہوں
اک ایسی راہ پہ جو تیری رہگزر بھی نہیں

نگاہِ شوق سرِ بزم بے حجاب نہ ہو
وہ بے خبر ہی سہی، اتنے بے خبر بھی نہیں

یہ عہدِ ترکِ محبت ہے کس لئے آخر
سکونِ قلب ادھر بھی نہیں، ادھر بھی نہیں

* * *

NO FULFILLMENT OF PROMISE....

No fulfillment of promise, no new promise todate
Beloved may be incensed with me, but in no sense to alienate

For mendicant lover's bowl is a modicum of handout
In the avaricious enclave, though rampant beauty inordinate

On the passageway, where beloved is unlikely to pass
I know not why I toss, and sit around to wait

Beloved in enclave may pretend not to comprehend
Yet zestful eyes may not, themselves, strain and agitate

Loss of mutual faith, undoubtedly, is there
But why at all this pledge of fealty to terminate

❋ ❋ ❋

Vafā-E-Vādā Nahīṃ....

vafā-e-vādā nahīṃ, vādā-e-digara bhī nahīṃ
voha mujha se rūṭhe the magara isa qadara bhī nahīṃ

barasa rahī hai harīma-e-havasa meṃ daulata-e-husna
gadā-e-iśqa ke khāte meṃ ika nazara bhī nahīṃ

na jāne kisa lie ummīdavāra baiṭhā hūṃ
ika aisī rāha pe jo terī rahaguzara bhī nahīṃ

nigāha-e-śauqa sara-e-bazma be-hijāba na ho
voha be-khabara hī sahī, itane be-khabara bhī nahīṃ

yaha ahada taraka-e-muhabbata hai kisa lie ākhira
sakūna-e-qalba idhara bhī nahīṃ, udhara bhī nahīṃ

* * *

वफ़ा-ए-वादा नहीं....

वफ़ा–ए–वादा नहीं, वादा–ए–दिगर[1] भी नहीं
वोह मुझ से रूठे थे मगर इस क़दर भी नहीं

बरस रही है हरीम–ए–हवस[2] में दौलत–ए–हुस्न
गदा–ए–इश्क़[3] के खाते में इक नज़र भी नहीं

न जाने किस लिए उम्मीदवार बैठा हूं
इक ऐसी राह पे जो तेरी रहगुज़र भी नहीं

निगाह–ए–शौक़ सर–ए–बज़्म बे–हिजाब न हो
वो बे–ख़बर ही सही, इतने बे–ख़बर भी नहीं

यह अह्द तरक–ए–मुहब्बत[4] है किस लिए आख़िर
सकून–ए–क़ल्ब[5] इधर भी नहीं, उधर भी नहीं

● ● ●

---

1. दूसरा वादा 2. लालच की चार दिवारी 3. प्रेम का भिखारी
4. प्रेम त्यागने का वादा 5. दिल का चैन

حریف بہار....

پھر حریف بہار ہو بیٹھے
جانے کس کس کو آج رو بیٹھے

تھی مگر اتنی رائگاں بھی نہ تھی
آج کچھ زندگی سے کھو بیٹھے

تیرے در پر پہنچ کر لوٹ آئے
عشق کی آبرو ڈبو بیٹھے

ساری دنیا سے دور ہو جائے
جو ذرا تیرے پاس ہو بیٹھے

نہ گئی تیری بے رخی نہ گئی
ہم تیری آرزو بھی کھو بیٹھے

فیض ہوتا رہے جو ہوتا ہے
شعر لکھتے رہا کرو بیٹھے

•••

SPRING'S MANIFESTATION

Again we baited spring's manifestation
Who knows who all came in for lamentation

To day somehow, we lost faith in rumination
Though, admittedly, it was not such ruination

Reaching your doorstep, we stepped back
For love, we lost all sense of moderation

Who ever, with you, comes ever so nigh
Will lose for the world all inspiration

Your indifference, you never gave up
For you, we lost all exhortation

O Faiz, whatever must happen will happen
Write verse, better or worse, with imagination

* * *

Harīf Bahāṛ....

phira harīfa bahāra ho baiṭhe
jāne kisa kisa ko āja ro baiṭhe

thī magara itanī rāyegāṃ bhī na thī
āja kucha zindagī se kho baiṭhe

tere dara para pahuñca kara lauṭa āe
iśqa kī ābaru ḍubo baiṭhe

sārī duniyā se dūra hojāye
jo zarā tere pāsa ho baiṭhe

na gaī terī be-rukhī na gaī
hama terī ārazu bhī kho baiṭhe

"faiza" hotā rahe jo hotā hai
śaira likhate rahā karo baiṭhe

✹ ✹ ✹

हरीफ़[1] बहार...

फिर हरीफ़ बहार हो बैठे
जाने किस किस को आज रो बैठे

थी मगर इतनी रायेगां[2] भी न थी
आज कुछ ज़िन्दगी से खो बैठे

तेरे दर पर पहुंच कर लौट आए
इश्क़ की आबरू[3] डुबो बैठे

सारी दुनिया से दूर हो जाये
जो ज़रा तेरे पास हो बैठे

न गई तेरी बे-रुख़ी न गई
हम तेरी आरज़ू भी खो बैठे

'फ़ैज़' होता रहे जो होता है
शेर लिखते रहा करो बैठे

* * *

---

1. दुश्मन 2. निरर्थक 3. प्रतिष्ठा

غزل

عشقِ منّت کشِ قرار نہیں
حسن مجبورِ انتظار نہیں

تیری رنجش کی انتہا معلوم
حسرتوں کا مری شمار نہیں

اپنی نظر بکھیر دے ساقی
مے باندازۂ خمار نہیں

اپنی تکمیل کر رہا ہوں میں
ورنہ تجھ سے مجھ کو پیار نہیں

چارۂ انتظار کون کرے
تیری نفرت بھی استوار نہیں

فیض زندہ رہیں وہ ہیں تو سہی
کیا ہوا گر وفا شعار نہیں

* * *

GHAZAL

Love does not believe in satisfaction
Beauty is not subject to interaction

Your nonchalance knows no limitation
My longing knows no circumspection

O barmaid, you dispense as much wine
Hangover is not worth introspection

I am perfecting my own life
For you, otherwise, no attraction

Who can cure and endure waiting
Your indifference even needs compaction

O Faiz, for beloved we wish success
Even though in fealty lacking perfection

* * *

Ghazal

iśqa-e-mannata kaśa-e-qarāra nahīṃ
husna majabūra-e-intezāra nahīṃ

terī rañjiśa kī intehā mālūma
hasaratoṃ kā merī śumāra nahīṃ

apanī nazara bikhera de sāqī
mai bāndāzā-e-khumāra nahīṃ

apanī takamīla kara rahā hūṃ maiṃ
varanā tujha se mujha ko pyāra nahīṃ

cārā-e-intezāra kauna kare
terī nafarata bhī istavāra nahīṃ

"faiza" zindā raheṃ voha, haiṃ to sahī
kyā huā gara vafā-śuāra nahīṃ

✹ ✹ ✹

ग़ज़ल

इश्क़-ए-मन्नत[1] कश-ए-क़रार[2] नहीं
हुस्न मजबूर-ए-इन्तज़ार नहीं

तेरी रंजिश की इन्तेहा मालूम
हसरतों का मेरी शुमार[3] नहीं

अपनी नज़र बिखेर दे साक़ी
मै बान्दाज़ा-ए-ख़ुमार[4] नहीं

अपनी तकमील कर रहा हूं मैं
वरना तुझ से मुझ को प्यार नहीं

चारा-ए-इन्तज़ार[5] कौन करे
तेरी नफ़रत भी इस्तवार नहीं

'फ़ैज़' ज़िन्दा रहें वो, हैं तो सही
क्या हुआ गर वफ़ा-शुआर नहीं

* * *

---

1. इश्क़ की इच्छा 2. वादे का बर्दाश्त करने वाला 3. गिनती
4. नशे के अन्दाज़ में 5. इन्तज़ार का उपाय

حقیقتِ مجاز....

ہر حقیقت مجاز ہوجائے
کافروں کی نماز ہوجائے

دل رہینِ نیاز ہوجائے
بے کسی کارساز ہوجائے

منّتِ چارہ ساز کون کرے
درد جب جاں نواز ہوجائے

عشق دل میں رہے تو رسوا ہو
لب پہ آئے تو راز ہوجائے

لطف کا انتظار کرتا ہوں
جور تاحدّ ناز ہوجائے

عمر بے سود کٹ رہی ہے فیض
کاش افشائے راز ہوجائے

* * *

REALITY

Let reality put on ephemeral attire
To help the waverers to admire

Let heart be a hostage to coquetry
Even in a quandry, it may conspire

Why entreat with the elocutor
When pain becomes comforting desire

If divulged, love is an open secret
Hidden in heart, it provokes ire

I wait for the beloved to relent
When torment exceeds a limit dire

O Faiz, life is passing listlessly
Wishfully, secret is divulged to inspire

* * *

Haqīqata Majāz....

hara haqīqata majāza ho jāe
kāfiroṃ kī namāza ho jāe

dila rahīna-e-niyāza ho jāe
bekasī kārasāza ho jāe

mannata-e-cārāsāza kauna kare
darda jaba jāṃ-navāza ho jāe

iśqa dila meṃ rahe to rusvā ho
laba pe āpa to rāza ho jāe

lutfa kā intezāra karatā hūṃ
jora tāhadde-nāza ho jāe

umra be sūda kaṭa rahī hai "faiza"
kāśa afaśāṃ-e-rāza ho jāe

हक़ीक़त मजाज़....

हर हक़ीक़त मजाज़[1] हो जाए
काफ़िरों की नमाज़ हो जाए

दिल रहीन-ए-नियाज़[2] हो जाए
बेकसी कारसाज़ हो जाए

मन्नत-ए-चारासाज़[3] कौन करे
दर्द जब जां-नवाज़ हो जाए

इश्क़ दिल में रहे तो रुस्वा[4] हो
लब पे आए तो राज़ हो जाए

लुत्फ़ का इन्तज़ार करता हूं
ज़ोर ताहद्दे-नाज़[5] हो जाए

उम्र बे सूद कट रही है 'फ़ैज़'
काश अफ़शा-ए-राज़[6] हो जाए

❋ ❋ ❋

1. कल्पना 2. प्रेम के अधीन 3. इलाज करने वाला 4. बदनाम
5. नाज़ की सीमा तक 6. रहस्य खुलजाना

ہمّتِ التجا....

ہمّتِ التجا نہیں باقی
ضبط کا حوصلہ نہیں باقی

اک تری دید چھن گئی مجھ سے
ورنہ دنیا میں کیا نہیں باقی

اپنی مشقِ ستم سے ہاتھ نہ کھینچ
میں نہیں یا فضا نہیں باقی

تیری چشمِ الم نواز کی خیر
دل میں کوئی گِلا نہیں باقی

ہو چکا ختم عہدِ ہجرو وصال
زندگی میں مزا نہیں باقی

❋ ❋ ❋

STRENGTH TO ENTREST....

No strength left to entreat
No restraint left to be discreet

The world has deprived me of your view
Otherwise, I have the world to greet

Don't withdraw your hand for tormenting
No relenting with my fealty complete

Your assuaging sight is a delight
No complaint to harbour in heart's seat

No more joy is left in life
No more union and separation repeat

* * *

Ghazal

himmata-e-ilatejā nahīṃ bāqī
zabta kā hausalā nahīṃ bāqī

ika terī dīda china gaī mujha se
varanā duniyā meṃ kyā nahīṃ bāqī

apanī maśqa-e-sitama se hātha na khīñca
maiṃ nahīṃ yā fizā nahīṃ bāqī

terī caśma-e-ālama navāza kī khaira
dila meṃ koī gilā nahīṃ bāqī

ho cukā khatma ahada-e-hijara-o-visāla
zindagī meṃ mazā nahīṃ bāqī

हिम्मत-ए-इल्तेजा....

हिम्मत–ए–इलतेजा[1] नहीं बाक़ी
ज़ब्त का हौसला नहीं बाक़ी

इक तेरी दीद छिन गई मुझ से
वरना दुनिया में क्या नहीं बाक़ी

अपनी मश्क़–ए–सितम[2] से हाथ न खींच
मैं नहीं या फ़िज़ा नहीं बाक़ी

तेरी चश्म–ए–अलमनवाज[3] की ख़ैर
दिल में कोई गिला नहीं बाक़ी

हो चुका ख़त्म अह्द–ए–हिज्र–ओ–विसाल
ज़िन्दगी में मज़ा नहीं बाक़ी

* * *

---

1. निवेदन की हिम्मत 2. अत्याचार के अभ्यास 3. दुःख देने वाली आंखों

غزل

چشمِ میگوں ذرا ادھر کردے
دستِ قدرت کو بے اثر کردے

تیز ہے آج دردِ دل ساقی
تلخیٔ مے کو تیز تر کردے

جوشِ وحشت ہے تشنہ کام ابھی
چاکِ دامن کو تاجگر کردے

میری قسمت سے کھیلنے والے
مجھ کو قسمت سے بے خبر کردے

لٹ رہی ہے مری متاعِ عزیز
کاش وہ اس طرف نظر کردے

فیض تکمیلِ آرزو معلوم!
ہو سکے تو یونہی بسر کردے

• • •

GHAZAL

Pay with your lotus eyes just a little attention
Just belittle, with your hand, nature's own intention

Our heartbeat, O barmaid, today is rather upbeat
Make the potion more bitter than the normal convention

Zest for free ranging is still not deterred
Our heart and soul still are not in need of detention

O you, who is manipulating my destiny
Make me oblivious of destiny's apprehension

I am losing my sense and sensibility
We wish beloved will show coprehension

O Faiz, satiation of wish is just wishfulness
If possible, you live without any tension

* * *

Ghazal

caśma-e-maigūṃ zarā idhara karade
dasta-e-qudarata ko be-asara karade

teza hai āja darda-e-dila sāqī
talakhī-e-mai ko teza-tara karade

jośa-e-vahaśata hai tiśnā kāma abhī
cāka-e-dāmana ko tājagara karade

merī qismata se khelane vāle
mujha ko qismata se be-khabara karade

luṭa rahī hai amerī matā-e-gureza
kāśa voha isa tarafa nazara karade

"faiza" takamīla-e-ārazū mālūma
ho sake to yūṃhī basara karade

✸ ✸ ✸

ग़ज़ल

चश्म–ए–मैगूं[1] ज़रा इधर करदे
दस्त–ए–कुदरत को बे–असर करदे

तेज़ है आज दर्द–ए–दिल साक़ी
तलख़ी–ए–मै को तेज़–तर करदे

जोश–ए–वहशत[2] है तिश्ना[3] काम अभी
चाक–ए–दामन[4] को ताजगर करदे

मेरी क़िस्मत से खेलने वाले
मुझ को क़िस्मत से बे–ख़बर करदे

लुट रही है मेरी मता–ए–गुरेज़
काश वो इस तरफ़ नज़र करदे

'फ़ैज़' तकमील–ए–आरज़ू[5] मालूम
हो सके तो यूंही करदे

* * *

1. नशीली आंखें 2. डर का जोश 3. अधूरा 4. फेर दामन
5. इच्छापूर्ति

ہر سمتِ پریشاں....

ہر سمت پریشاں تری آمد کے قرینے
دھوکے دئے کیا کیا ہمیں بادِ سحری نے

ہر منزلِ غربت پہ گماں ہوتا ہے گھر کا
بہلایا ہے ہر گام بہت در بدری نے

تھے بزم میں سب دردِ سرِ بزم سے شاداں
بیکار جلایا ہمیں روشن نظری نے

مے خانے میں عاجز ہوئے آزردہ دلی سے
مسجد کا نہ رکھا ہمیں آشفتہ سری نے

یہ جامۂ صدچاک بدل لینے میں کیا تھا
مہلت ہی نہ دی فیض کبھی بخیہ گری نے

* * *

FROM EVERY DIRECTION...

From every direction your coming was heralded
How naive of us to trust the morning breeze

At every foreign stop, we feel as if at home
At every step of wandering we feel well at ease

Everyone in the enclave loved the curling smoke
In vain have we lit our own candle to please

The tavern could not help enliven our spirits
Abstraction, for the mosque, made us ill at ease

We could well have changed our garment in tatters
We didn't mind enough, O Faiz, for the stitch and crease

* * *

Har Simt Pareśāṃ....

hara simta pareśāṃ terī āmada ke qarīne
dhoke die kyā kyā hameṃ bāda-e-saharī ne

hara mañzila-e-g̲h̲urbata pe gumāṃ hotā hai ghara kā
bahalāyā hai hara gāma bahuta dara-badarī ne

the bazma meṃ saba darda-e-sara-e-bazma meṃ śādāṃ
bekāra jalāyā hameṃ rośana-nazarī ne

maik̲h̲āne meṃ ājiza hue āzardā dillī se
masjida kā na rakhā hameṃ āśifatā-sarī ne

yaha jāmā-e-sada cāka badala lene meṃ kyā thā
mauhalata hī na dī faiza kabhī bak̲h̲iyā garī ne

* * *

हर सिम्त परेशां....

हर सिम्त परेशां तेरी आमद के क़रीने[1]
धोके दिए क्या क्या हमें बाद-ए-सहरी[2] ने

हर मंज़िल-ए-ग़ुर्बत पे गुमां होता है घर का
ब्रहलाया है हर गाम बहुत दर-बदरी[3] ने

थे बज़्म में सब दर्द-ए-सर-ए-बज़्म[4] में शादां
बेकार जलाया हमें रोशन-नज़री ने

मैखाने में आजिज़ हुए आज़ुर्दा दिली से
मस्जिद का न रखा हमें आशिफ़्ता-सरी ने

यह जामा-ए-सदचाक[5] बदल लेने में क्या था
मोहलत ही न दी 'फ़ैज़' कभी बख़िया गरी ने

* * *

---

1. ढंग 2. सुबह की ठंडी हवा 3. भटकाव 4. महफिल की राह
5. फटे हुए कपड़े

غزل

ہم نے سب شعر میں سنوارے تھے
ہم سے جتنے سخن تمہارے تھے

رنگ و خوشبو کے حسن و خوبی کے
تم سے تھے جتنے استعارے تھے

تیرے قول و قرار سے پہلے
اپنے کچھ اور بھی سہارے تھے

جب وہ لعل و گہر حساب کئے
جو ترے غم نے دل پروارے تھے

میرے دامن میں آگرے سارے
جتنے شبِ فلک میں تارے تھے

عمر جاوید کی دعا کرتے
فیض اتنے وہ کب ہمارے تھے

* * *

GHAZAL

We put in verse as decoration
What with us was all your conversation

Sight, sound and smell, beauty's swell
In all metaphors we found your manifestation

Prior to the expression of your pledge and promise
We had certain props in our estimation

When we had counted all rubies and gems
That were showered on heart by your visitation

Into my lap had fallen all the stars
From the firmament, in imagination

O Faiz, beloved is not so kind
That we pray for life's perpetuation

* * *

Ghazal

hama ne saba śaira meṃ saṃvāre the
hama se jitane sukhana tumhāre the

ranga-o-śuśbu ke husna-o-khūbī ke
tuma se the jitane istāre the

tere qaula-o-qarāra se pahale
apane kucha aura bhī sahāre the

jaba voha lāla-o-guhara hisāba kiye
jo tere ghama ne dila para vāre the

mere dāmana meṃ ā gire sāre
jitane śaba-e-falaka meṃ tāre the

umra jāveda kī duā karate
faiza itane voha kaba hamāre the

✹ ✹ ✹

ग़ज़ल

हम ने सब शेर में संवारे थे
हम से जितने सुख़न[1] तुम्हारे थे

रंग–ओ–ख़ुश्बु के, हुस्न–ओ–ख़ूबी[2] के
तुम से थे जितने इस्तारे[3] थे

तेरे क़ौल–ओ–क़रार से पहले
अपने कुछ और भी सहारे थे

जब वो लाल–ओ–गुहर[4] हिसाब किये
जो तेरे ग़म ने दिल पर वारे थे

मेरे दामन में आ गिरे सारे
जितने शब–ए–फ़लक[5] में तारे थे

उम्र जावेद[6] की दुआ करते
'फ़ैज़' इतने वो कब हमारे थे

* * *

---

1. कलाम, बात 2. सौन्दर्य व गुण 3. मांगना 4. हीरे मोती
5. रात के आकाश में 6. नित्यता

غزل

یہ کس خلش نے پھر اس دل میں آشیانہ کیا
پھر آج کس نے سخن ہم سے غائبانہ کیا

غمِ جہاں ہو، رُخِ یار ہو کہ دستِ عدو
سلوک جس سے کیا ہم نے عاشقانہ کیا

تھے خاکِ راہ بھی، ہم لوگ قہرِ طُوفاں بھی
سہا تو کیا نہ سہا، کِیا تو کیا نہ کِیا

خوشا کہ آج ہر اک مدعی کے لب پر ہے
وہ راز جس نے ہمیں راندۂ زمانہ کیا

وہ حیلہ گر جو وفا جُو بھی ہے جفا خُو بھی
کیا تو فیض کس بت سے دوستانہ کِیا

* * *

GHAZAL

What pain again has found its niche in the heart
Who again has sent us today a message to impart

We dealt with benevolence, whatever came our way
They be woes of world, beloved's beauty or rival's dart

Though we were passage dust yet we were fearsome gust
We have suffered as one must, be we were a force apart

No ill feeling if every rival is proclaiming today our secret
The secret which had made us a laughing stock of sort

The beloved is full of trickery, loyalty as well as cruelty
How, O Faiz, you have befriended someone very smart

* * *

Ghazal

yaha kisa khaliśa ne phira isa dila meṃ āśiyānā kiyā
phira āja kisa ne sukhana hama se ghāyabānā kiyā

ghame jahāṃ ho, rukha-e-yāra ho ke dasta-e-adu
sulūka jisa se kiyā hama ne āśiqānā kiyā

the khāka-e-rāha bhī hama loga qahara-e-tūfāṃ bhī
sahā to kyā na sahā, kiyā to kyā na kiyā

khūśā ke āja hara ika mudaī ke laba para hai
voha rāza jisa ne hameṃ rāndā-e-zamānā kiyā

voha hīlāgara jo vafā-jū bhī hai jafā-khū bhī
kiyā to "faiza" kisa buta se dostānā kiyā

❋ ❋ ❋

ग़ज़ल

यह किस ख़लिश ने फिर इस दिल में आशियाना किया
फिर आज किस ने सुख़न हम से ग़ायबाना किया

ग़मे जहां हो, रुख़-ए-यार हो के दस्त-ए-अदु[1]
सुलूक जिस से किया हम ने आशिक़ाना किया

थे ख़ाक ए राह[2] भी हम लोग क़हर-ए-तूफ़ां भी
सहा तो क्या न सहा, किया तो क्या न किया

ख़ुशा[3] के आज हर इक मुद्दई[4] के लब पर है
वो राज़ जिस ने हमें रान्दा-ए-ज़माना[5] किया

वो हीलागर[6] जो वफ़ा-जू[7] भी है जफ़ा-ख़ू भी
किया तो 'फ़ैज़' किस बुत से दोस्ताना किया

* * *

1. शत्रु का हाथ 2. रास्ते की मिट्टी 3. ख़ुश हो 4. वादी
5. ज़माने का हारा हुआ 6. बहाने बनाने वाला 7. व्याय करने वाला

غم نہ کر!

درد تھم جائے گا
غم نہ کر، غم نہ کر
یار لوٹ آئیں گے، دل ٹھہر جائے گا
غم نہ کر، غم نہ کر

زخم بھر جائے گا
غم نہ کر، غم نہ کر
دن نکل آئے گا
غم نہ کر، غم نہ کر

ابر کھل جائے گا، رات ڈھل جائے گی
غم نہ کر، غم نہ کر
رُت بدل جائے گی
غم نہ کر، غم نہ کر

* * *

DON'T BE SAD....

Pain will abate, don't be sad, don't be sad
Friend will return, heart will be sendate,
don't be sad, don't be sad

Wound will recuperate
Don't be sad, don't be sad
Dawn will break immaculate
Don't be sad, don't be sad

Cloud will part, night will depart
Don't be sad, don't be sad
Season will modulate
Don't be sad, don't be sad

* * *

G<u>h</u>am Na Kar....

darda thama jāegā
g<u>h</u>ama na kara, g<u>h</u>ama na kara
yāra lauṭā āaiṃge, dila ṭhahara jāegā
g<u>h</u>ama na kara, g<u>h</u>ama na kara

zak<u>h</u>ma bhara jāegā
g<u>h</u>ama na kara, g<u>h</u>ama na kara
dina nikala āegā
g<u>h</u>ama na kara, g<u>h</u>ama na kara

abra khula jāegā, rāta ḍhala jāegī
g<u>h</u>ama na kara, g<u>h</u>ama na kara
ruta badala jāegī
g<u>h</u>ama na kara, g<u>h</u>ama na kara

ग़म न कर....

दर्द थम जाएगा
ग़म न कर, ग़म न कर
यार लौट आऐंगे, दिल ठहर जाएगा
ग़म न कर, ग़म न कर

ज़ख़्म भर जाएगा
ग़म न कर, ग़म न कर
दिन निकल आएगा
ग़म न कर, ग़म न कर

अब्र[1] खुल जाएगा, रात ढल जाएगी
ग़म न कर, ग़म न कर
रुत बदल जाएगी
ग़म न कर, ग़म न कर

* * *

1. बादल